Guérot · Korunka · Prainsack · Psota
Protokolle der Krise

Wiener Vorlesungen

Band 198

Jahrespublikation 2020

Ulrike Guérot · Christian Korunka ·
Barbara Prainsack · Georg Psota

Protokolle der Krise

Wie Corona unser Leben
verändert

Picus Verlag Wien

*Gedruckt mit freundlicher Unterstützung
von Stadt Wien Kultur.*

Informationen zu den Wiener Vorlesungen unter
www.wienervorlesungen.at

Informationen über das aktuelle Programm
des Picus Verlags und Veranstaltungen unter
www.picus.at

Inhalt

Die Wiener Vorlesungen

*Vor mehr als dreißig Jahren wurde ein ebenso unver-
wechselbares wie hochkarätiges Wissenschaftsformat
ins Leben gerufen: die Wiener Vorlesungen. Fächer-
übergreifend setzen sie sich mit den großen wissenschaftlichen und intellektuellen Fragen unserer Zeit
auseinander und bereichern so den Kulturkalender
der Stadt Wien um einen wichtigen Erkenntnisraum.*

*Als Forschungsstandort und Universitätsstadt hat
die Stadt Wien eine Spitzenposition im mitteleuropäi-
schen Raum inne und sieht es auch in ihrer Verantwor-
tung, Impulsgeberin für aktuelle und zukunftsrelevante
Fragestellungen zu sein. Die gesellschaftspolitische
Relevanz von Wissenschaft steht dabei außer Frage:
Bildung und Wissen sind wesentliche Grundlagen für
ein selbstbestimmtes Leben und für eine funktionierende demokratische Zivilgesellschaft. Als ein sich ständig
weiterentwickelndes Projekt der Aufklärung waren und
sind die Wiener Vorlesungen »geistiger Initialzünder«
für einen offenen und öffentlichen Diskurs, der nicht
nur innerhalb wissenschaftlicher Zirkel geführt wird,
sondern ein breites Publikum als Beitrag für eine offe-
ne Gesellschaft erreicht.*

*Auch nach drei Jahrzehnten geben die Wiener Vor-
lesungen Anstöße für Kontroversen und behandeln jene
Themen, die für die Stadt und ihre Bewohnerinnen und
Bewohner besonders relevant sind.*

Die Flexibilität der Veranstaltungsreihe Wiener Vorlesungen hat sich während des Corona-Shutdowns bestätigt. Es konnte der Beweis angetreten werden, dass das Wissenschaftsformat nicht nur inhaltlich beweglich, sondern auch organisatorisch flexibel ist. Mit großem Engagement und Kreativität wurde auf die Situation reagiert, das ursprünglich geplante Programm auf den Kopf gestellt und innerhalb von zwei Wochen nach dem völligen Lockdown des öffentlichen Lebens das neue Format »Wiener Vorlesungen online« gestartet, das an ausgewählten Donnerstagen eine Wiener Vorlesung digital zur Verfügung stellte, in der im April 2020 Expertinnen und Experten die Krisensituation aus verschiedenen Blickwinkeln betrachteten und ein Beitrag dazu geleistet wurde, den kritischen Blick zu schärfen, um auch in unübersichtlichen Zeiten Haltung zeigen und informiert Stellung beziehen zu können. Es wurde die Möglichkeit geschaffen, weiterhin in Verbindung zu bleiben, sozusagen von Wohnzimmer zu Wohnzimmer, und Wissenschaft nicht live, aber hautnah zu Hause zu erleben. Damit wurden die Wiener Vorlesungen Teil eines größeren Ganzen, mit dem das kulturelle Leben der Stadt auch unter widrigen Umständen weitergehen konnte. Das große Interesse an dem neuen Format bestätigte die Wichtigkeit, gerade in schwierigen Zeiten für die Möglichkeit zu sorgen, sich fundiert informieren zu können. Denn nur eine informierte Öffentlichkeit, die sich auf Fakten und zu-

verlässige Informationen und Wissenschaftskonzepte
stützen kann, ist in der Lage, Ruhe und Vertrauen zu
bewahren, um auch Ausnahmesituationen gut meistern
zu können.

Im Fokus der Wiener Vorlesungen steht ab sofort
mehr denn je die Kommunikation mit einem offenen
und neugierigen Publikum. Es werden in Zukunft wie-
der prominente Denkerinnen und Denker im Sinne
einer zeitgemäßen Wissenschaftsvermittlung eingela-
den, ihre Erkenntnisse und Einsichten mit der Bevöl-
kerung zu teilen und einen offenen Dialog zu führen.
Dazu ist kein Studium nötig, das ideale Publikum hat
kein Alter, keine Titel, aber eine große Wachheit und
eine unbändige Neugier auf das Neue, das Unbekannte
und brennende gesellschaftliche Fragen.

So bieten die Wiener Vorlesungen auch weiterhin
einen faszinierenden Einblick in die Werkstatt der
Wissenschaft, der die Vielfalt des Gesellschafts- und
Geisteslebens unserer Zeit widerspiegelt und die Sicht
auf die Differenziertheit und Diversität der Gegenwart
schärft.

Veronica Kaup-Hasler
Stadträtin für Kultur und Wissenschaft

Vorwort

Mit ihrem Jahresschwerpunkt 2019 haben die Wiener Vorlesungen einen umfassenden Blick in die Zukunft geworfen, dabei wurde erneut deutlich, wie wichtig es ist, sich nicht nur mit wissenschaftlichen Erkenntnissen, sondern auch mit ihrer sinnvollen Vermittlung zu befassen.

Diese Frage der Wissensvermittlung und des Wissenstransfers sollte im Mittelpunkt des ersten Halbjahresprogramms 2020 stehen. Den thematischen Rahmen bildete dabei das Jahresthema »Die Zukunft der Stadt«, das als Folie vor dem Schwerpunkt angemessener Wissenschaftsvermittlung an verschiedenen Universitäten fungierte, denn ein lebendiger universitärer Austausch und Wissenstransfer sind wesentlicher Teil der Stadtkultur. Leider konnten nur zwei der Veranstaltungen wie geplant realisiert werden, die zweite im März 2020 bereits vor leeren Stuhlreihen als Livestream, da uns mit der Corona-Pandemie eine andere Realität einholte, auf die wir mit dem Format *Wiener Vorlesungen online* antworteten.

Die Vorteile der digitalen Wissensvermittlung nutzen die Wiener Vorlesungen ohnehin: Die meisten Veranstaltungen konnten bereits bisher per Livestream verfolgt werden und sind auch nachträglich immer auf der Website abrufbar. Somit kann zeitgleich, aber auch zeitversetzt an der Diskussion brandaktueller Fragestellungen partizipiert werden. Die Wiener Vorlesungen sind jederzeit und für alle, die Zugang zum Internet haben, kostenlos verfügbar.

Die Auseinandersetzungen aus den vier Online-Vorlesungen im April 2020 sollen auch in Form dieser Sammelpublikation zugänglich bleiben. Einerseits als Erinnerung an ein Gemeinschaftserlebnis, das sich in unser kollektives Gedächtnis einprägen wird, andererseits als Vision, die Erkenntnisse aus dieser einschneidenden Zeit auch für die Zukunft nutzbar zu machen.

Wie mit einer Lupe vergrößerte die Pandemie die Wahrnehmung politischer, psychischer, sozialer, beruflicher Verfasstheit und machte Unzulänglichkeiten, aber auch Fähigkeiten deutlich.

Während in der ersten Vorlesung im neuen Format Ulrike Guérot ein Plädoyer für ein solidarisches Europa in Zeiten der Krise und den Zusammenhalt der Europäischen Union gehalten hat, stand in der zweiten Vorlesung mit Georg Psotas Hinweisen für die Aufrechterhaltung der psychischen Stabilität der Mensch und die Bedeutung eines Gemeinschaftsgefühls im Zentrum sowie die Herausarbeitung der positiven Momente einer konstruktiven Krisenbewältigung.

Mit Barbara Prainsacks Präsentation einer länderübergreifenden sozialwissenschaftlichen Studie zum Verhalten der Menschen in der Ausnahmesituation wurde in der dritten Vorlesung gezeigt, dass das gemeinsame Erleben durchaus solidarischer macht, aber auch gesellschaftliche Ungleichheiten noch deutlicher zutage treten. Solidarischere Gesellschaftssysteme und eine größere Konsumbewusstheit sind zwei Hoffnungen am Ausgang der Pandemie. Den Abschluss im April machte Christian Korunka mit einer Vorlesung zur für viele Menschen neuen Arbeitssituation im Home Office und wie diese Erfahrungen auch weiterhin genutzt werden können.

Gerade in Krisenzeiten zeigt sich, wie ausgesprochen wichtig die Orientierungsleistung von seriösem Wissen ist. Die schier nicht mehr zu überblickende Vielfalt des Informationsangebots wirft Selektions- und Glaubwürdigkeitsproblematiken auf, die durch vertrauenswürdige Wissenschaftsvermittlungsformate abgefedert werden können und die dabei unterstützen, sich ein eigenes Urteil zu bilden und somit die Maxime aus der Aufklärung umzusetzen, die durch die Notwendigkeit der vernünftigen Kontrolle dieser Angebotsfülle heute noch viel zentralere Bedeutung als früher hat.

Im Zeichen der Covid-19-Pandemie erfüllten die Wiener Vorlesungen erneut den demokratiepolitischen Auftrag, die wesentlichen Probleme der Gegenwart darzulegen und zu analysieren und kommentieren, die wir heute für morgen bewältigen müssen.

Daniel Löcker

Ulrike Guérot
Lackmustest für die europäische Solidarität
2. April 2020

Der Wiener Historiker Wolfgang Schmale hat in einer linguistischen Langzeitstudie[1] über die Verwendung des Begriffs Solidarität in sechs europäischen Staaten gezeigt, dass es um die europäische Solidarität immer dann besonders schlecht bestellt ist, wenn am lautesten nach ihr gerufen wird. So wie zum Beispiel jetzt in Zeiten von Corona. Signifikante Ausschläge nach oben beim Gebrauch des Wortes »Solidarität« in verschiedenen europäischen Zeitungen, so Schmale in seiner Messung über die Jahre 1800 bis 2000, zeigen, dass eigentlich Krieg in der Luft lag, wann immer in Europa nach Solidarität gerufen wurde. Kurz nach den messbaren Ausschlägen liegen historische Daten bzw. Ereignisse wie etwa die von 1848, 1872, 1914 oder 1932. Vor dem Hintergrund dieser Studie müsste man sich derzeit große Sorgen um Europa machen. Jacques Delors, der ehemalige Kommissionspräsident, hat sich gerade zu Wort gemeldet: »Le manque de solidarité européenne

---

1 Wolfgang Schmale, 2017, European Solidarity: A Semantic History, in: European Review of History/ Revue européenne d'histoire, 24:6, S. 854–873, vor allem die Abbildungen S. 862–866.

fait courir un danger mortel à l'Union européenne.«[2] Europa ist in tödlicher Gefahr!

Um aus den meist blutigen europäischen Ereignissen mangelnder Solidarität Lehren zu ziehen, wurde ab 1950 zunächst die Europäische Gemeinschaft von Kohle und Stahl gegründet, aus der dann über eine jahrzehntelange politische Entwicklung schließlich die EU geformt wurde, in der wir heute leben – vielleicht sollte man lebten sagen? Inklusive Binnenmarkt, Schengen-Abkommen, Euro, Erasmus, Lissabonner Vertrag und vielen anderen Dingen mehr.

Am 9. Mai 2020, in weniger als zwei Monaten, wird die große alte Dame EU siebzig Jahre, wenn nicht auch sie vorher an Corona stirbt. Es könnte ein trauriger Geburtstag werden. Frieden, Freiheit, Wohlstand für ganz Europa, diese Versprechen hatte sie jahrelang abgegeben, vor allem aber jenes »*Nie wieder Krieg*«, das in keinem Europa-Lehrbuch fehlen durfte. Jetzt führt Europa Krieg gegen ein Virus. Das Schengen-Abkommen ist außer Kraft gesetzt, die Verkehrsadern des Binnenmarkts sind unterbrochen, die Grenzen geschlossen. Überall beschämende – um nicht zu sagen: tragische! – Bilder in ganz Europa, ganz gleich, ob an der polnisch-deutschen, der deutsch-französischen oder der italienisch-österreichischen Grenze. Europa, seine Handlungsfähigkeit, seine Solidarität wird von den

---

2 Le Quotidien, 28.3.2020.

nationalen Grenzen derzeit abgeschnürt, zerschnitten, gestückelt wie kaum zuvor. Während das Corona-Virus die geschlossenen Grenzen komplett ignoriert, leiden unter ihnen allein die europäischen Bürgerinnen und Bürger. Die französische Krankenschwester, die nicht mehr nach Luxemburg einreisen darf für ihre Arbeit am dortigen Krankenhaus ebenso wie der polnische Spargelstecher, der nicht mehr zur Ernte auf ein deutsches Feld kommt. Dabei wird die Ernte stattfinden, wahrscheinlich wird ein Zwei-Meter-Abstand für die Feldarbeiter organisiert, ist es da nicht egal, welche Nationalität die Spargelstecher haben? Ganz zu schweigen von den vielen Menschen in Europa, die schlichtweg nicht mehr zu ihren Familien kommen, wenn diese über ganz Europa verstreut sind. Und das sind viele. Was ist mit all den EU-Bürgern, bei denen Wohnsitz und Arbeitsort auseinanderfallen? Den Pendlern zwischen zwei Staaten? Alle EU-Beamten haben am 25. März ein Schreiben bekommen, dass sie bis auf Weiteres nicht mehr außer Landes dürfen und Urlaubsanträge nicht mehr genehmigt werden. Die EU, quasi *ein* Land in Zeiten der Freizügigkeit, aber in Krisenzeiten eben doch keins. Momentan teilen wir in Europa nur noch die Währung und das nicht einmal in der gesamten EU.

Der EUGH wird einige interessante Fälle zu begutachten haben, wenn die erste Corona-Welle vorüber ist, denn es bleibt zu klären, warum man in Corona-Zeiten mit triftigem Grund noch von Köln nach Berlin reisen durfte, aber nicht – zumindest nicht mit einem deutschen Pass – von Wien nach Paris. Europäische Unionsbürgerschaft? Das war gestern! Nur der nationale Pass bestimmt derzeit über das Einreiserecht. Neben der gerade abenteuerlichen Geschwindigkeit, mit der – auf oft zweifelhafter Rechtsgrundlage – in fast allen EU-Mitgliedstaaten im Handumdrehen fast der gesamte Grundrechtekatalog abgeschafft wurde – wenn Corona nicht gleich, wie in Ungarn oder Polen, zur Einsetzung von Exekutiv-Regierungen, der Abschaffung parlamentarischer Kontrollrechte und der subtilen Manipulation von Wahlen missbraucht wurde[3] –, wurde eben auch die Freizügigkeit, die EU als Rechtsgemeinschaft binnen Tagen außer Kraft gesetzt. Ganz einfach so. Dazu das europäische Wirtschaftsrecht, denn das Konfiszieren z. B. von (bezahlten!) Atemmasken und medizinischem Gerät erinnern eher an Kriegsbewirtschaftung denn an einen Binnenmarkt. Europa ist im Krieg mit einem Virus: Gleich viermal hat Emmanuel Macron in seiner Fernsehansprache[4] das Wort »Krieg« in den Mund genommen. Und in einem Krieg ist bekanntlich alles erlaubt.

Um keine Missverständnisse aufkommen zu lassen:

---

3 Maximilian Steinbeis, Santa Corona, ora pro nobis, 27.3. 2020, https://verfassungsblog.de/sancta-corona-ora-pro-nobis-2/.

4 Vgl. Discours Emmanuel Macron, 16.3.2020, https://www. youtube.com/watch?v=N5lcM0qA1XY.

Dass Risikogebiete wie etwa Ischgl, Heinsberg oder Bergamo wegen Corona abgeriegelt werden, dass radikale Ausgangsbeschränkungen verhängt werden mussten, war wohl die einzige und geeignetste Maßnahme. Dagegen soll hier nicht argumentiert werden. Aber einige Risikogebiete sind eben länderübergreifend, z. B. im französisch-deutsch-luxemburgischen Dreiländereck. Die europäischen Grenzschließungen verstehen sich nicht darum überhaupt nicht von selbst, sie waren und sind kontraproduktiv und ihre Verhältnismäßigkeit muss dringend auf den Prüfstand. Augenzeugen berichten, dass die Kontrollen z. B. an der deutsch-französischen Grenze schlimmer seien als in der unmittelbaren Nachkriegszeit. Dass die EU es nicht verstanden hat, sich in der Krise als einen einheitlichen Rechtsraum zu begreifen, in dem alle europäischen Unionsbürger über Landesgrenzen hinweg nach Notstandsgebieten, nicht nach Landesgrenzen abgeriegelt werden, und in dem jeder Unionsbürger in das *geografisch nächste* Krankenhausbett auf die Intensivstation kommt,[5] ist die Krisenerfahrung, die sich mittlerweile in unzähligen traurigen Bildern in das kollektive Gedächtnis Europas eingeprägt haben. Damit wird *#PostCoronaEuropa* umgehen müssen, auch wenn die länderübergreifende Behandlung von Patienten inzwischen in Gang gekom-

---

5 Eine europäische Datenbank für Intensivbetten soll jetzt offensichtlich erstellt werden, vgl. FAZ, 27.3.2020.

men ist. Die Frage wird sein, welche Lehren Europa aus diesen Bildern ziehen will.

Die EU, das ist die traurige Wahrheit, kann in der Krise nicht handeln und darum auch nur bedingt Solidarität organisieren. Die Katastrophengesetzgebung obliegt nicht einmal den Nationalstaaten, sondern Ministerpräsidenten oder Landräten. Die Nationalstaaten aber haben trotzdem Macht und ein Budget, sie können Geld geben, über Stützungsmaßnahmen – z. B. Kurzarbeit – entscheiden und finanzielle Rettungspakete verkünden. Die EU kann das alles nicht. *It's politics, stupid!*

Darüber kann man sich mit Häme freuen, weswegen das europäische Versagen in der Corona-Krise die Stunde der Nationalisten war: Grenzschließungen? Geht ja doch, frohlockten sie überall. In der Tat ist es erschreckend anzusehen, dass Grenzschließungen wegen Corona jetzt das perfekte Alibi sind, auch die europäische Asylgesetzgebung außer Kraft zu setzen. Oder man kann die europäische Handlungsunfähigkeit bedauern und irritiert darüber sein, dass Schutzmasken für Italien aus China, nicht aus Europa kommen. Warum, das fragen sich die Italiener übrigens auch. Das wird wichtig sein, wenn es nach der Krise darum gehen wird, politisch zu entscheiden, wie viel Europa man eigentlich noch will. Und was das eigentlich sein soll, ein Europa, das immer dann nicht da ist, wenn man es braucht. Ein Freund aus Ferrara schrieb mir: »*It is not even a matter of money. What is completely lacking right now is a show of empathy from Europe. We are seeing doctors with a Cuba flag on their coats helping in Bergamo, hell, we're seeing Russian trucks, and we are not seeing even a little European flag.«* Wenn man dazu noch bedenkt, dass Italien im Nachgang der Bankenkrise besonders drastisch unter der Sparpolitik gelitten hat, mehr noch, dass es einen direkten Zusammenhang zwischen der Schwäche des italienischen Gesundheitssystems und den von der Troika erzwungen Einsparmaßnahmen gibt, mag man sich über »*constituting memories*« in Italien – aber auch in Spanien – seine Gedanken machen: Draghi, Merkel und Schäuble haben die Toten in Italien mit auf dem Gewissen, so formulieren es einige.[6] Woher, bitte, soll post Corona eine pro-europäische Stimmung kommen, die politisch in Italien oder Spanien noch Mehrheiten generieren kann?

Wer Europa nach Corona – was immer das zur Zeit heißen mag – krisenfest machen möchte, der muss über andere politische, institutionelle, finanzielle und budgetäre Strukturen in Europa nachdenken, im Gesundheitsbereich,[7] aber nicht nur da. Dazu müsste man aber

---

6 Vgl. den Blogeintrag des Handelsblatt-Korrespondenten Norbert Häring, https://norberthaering.de/eurokrise/draghi-italien-corona/.

7 Vgl. Alberto Alemanno, https://www.theguardian.com/world/2020/mar/26/europe-doesnt-have-to-be-so-helpless-in-this-crisis.

die Debatte über ein *anderes* Europa überhaupt wieder einmal zulassen. Genau das ist in den letzten Jahren nicht geschehen. Die europäische Reformdebatte wurde, gelinde gesagt, seit Jahren unterdrückt, die EU in ihrer bestehenden Form als alternativlos gesetzt. Letzteres, obgleich Europa praktisch seit 2009 eine durchgehende Krisendekade hinter sich hat: Banken-, Euro-, Staatsschulden-, Sparpolitik-, Geflüchteten-, Populismus-, Rechtsstaatlichkeits-, und Legitimitätskrise: Gibt es irgendjemanden, der vor diesem Hintergrund europäische Handlungsfähigkeit in Zeiten von Corona erwartet hätte?

Alle Alterskohorten in Europa, die nach 2005 geboren wurden, dem Zeitpunkt des französischen und des niederländischen Nein zur europäischen Verfassung, haben in Wahrheit nie ein handlungsfähiges Europa erlebt, also die gesamte heutige europäische Jugend! Alle großen europäischen Projekte – Binnenmarkt, Schengen, Euro, Osterweiterung – waren zu diesem Zeitpunkt abgeschlossen. Die Europäische Verfassung von 2003 ist gescheitert, ein neuer Anlauf wurde nie unternommen. Warum an Europa glauben, warum davon träumen, wenn die EU nichts hinkriegt, wenn Europa nur noch enttäuscht? Das »kulturelle Gedächtnis«[8] ist entscheidend für die Zukunft, nur das »kulturelle

8 Aleida Assmann & Jan Assmann, C. Harmeier, Schrift und Gedächtnis: Beiträge zur Archäologie der literarischen Kommunikation, München 1983.

Gedächtnis« kann gleichsam die Horizonte für die Politik verschieben.[9] Die Generationendynamik ist hierbei entscheidend: Wo die Älteren aus den schrecklichen Erinnerungen an die kriegerischen Verwerfungen der Nationalstaaten im letzten Jahrhundert heraus den »utopischen Entwurf« von einem Europa gewagt haben, in dem wir heute leben (war eine einheitliche europäische Währung nicht auch eine Utopie, bevor sie schließlich gemacht wurde?), glauben heute vor allem viele jüngere Menschen – Erasmus hin oder her – aufgrund der vielfältigen europäischen Enttäuschungen wieder an die Nation, weil sie nur letztere als handlungsfähig erlebt haben.[10] Wer in der Corona-Krise auf Europa schaut und sich nach einem anderen Europa sehnt, muss mitbedenken: Eine handlungsfähige EU war längst vom Bildschirm verschwunden, *bevor* sich die fehlende europäische Solidarität in den letzten Tagen und Wochen zu einer Tragödie auswuchs, die einem das Herz hat brechen können. Die Zukunft Europas wird sich mithin nach Corona an ihrer Fähigkeit zum utopischen Entwurf bemessen lassen. Und um ihn steht es schlecht bestellt.

---

9 Theodor Adorno spricht von »unsconscious memory«, in: Negative Dialektik. Gesammelte Schriften, Band 6, Frankfurt am Main 2003, S. 63.

10 Zahlen dazu bei Yasha Mounk, Der Zerfall der Demokratie. Wie der Populismus den Rechtsstaat bedroht, München 2018.

Vergessen sind die Bilder vom letzten Herbst, als im Mittelmeer Boote mit vierzig Geflüchteten anlandeten, die fair auf Europa zu verteilen die EU unfähig war. Vergessen die Tatsache, dass die EU, nur wenige Tage vor Ausbruch der Corona-Krise, unfähig war, fünfhundert unbegleitete minderjährige Flüchtlinge von den griechischen Inseln auf das europäische Festland zu verteilen. Ebenso wenig konnte vor Corona Einvernehmen über den MFR, den Mehrjährigen Finanzrahmen, also den europäischen Haushalt erzielt werden. Kein Jota soll dieser in den Augen nicht weniger Staats- und Regierungschefs erhöht werden. Was im Herbst 2020 bei den EU-Budget-Verhandlungen herauskommen soll, wird man noch sehen müssen. Wer nach Corona nach europäischer Solidarität ruft, der darf darüber nicht schweigen. Europa ja, aber es darf nichts kosten? Das ist das Märchen von des Kaisers neuen Kleidern: Die EU ist nackt! Das ist das eine Problem.

Das andere, das viel größere Problem aber ist, dass das inzwischen nur noch wenige wirklich stört. Wo die EU in den vergangenen Jahrzehnten viele Verlierer und viele Enttäuschte unter den Unionsbürgern produziert hat, hat der Ruf nach einem *anderen*, einem *besseren* Europa offensichtlich keinen mehrheitsfähigen politischen Nährboden mehr. Erinnern wir uns auch: Mit mehreren Europa-Reden, die auf das gedrängt haben, was Europa in der Corona-Krise wieder gefehlt hat, nämlich *Souveraineté Européenne* – europäische

Souveränität –, um überhaupt solidarisch sein zu können, wurde Emmanuel Macron noch vor Kurzem stehen gelassen wie ein einsamer Rufer in der Wüste, milde belächelt, im Stillen wahrscheinlich sogar verlacht. Nicht einmal sein klassischer europäischer Tandem-Partner Deutschland fühlte sich bemüßigt zu antworten. Europa ist vor allem das Opfer von politischer Heuchelei!

Geändert hat sich seit rund zwei Jahrzehnten also nicht so sehr die Tatsache, dass Europa immer wieder von Krisen heimgesucht wird. Geändert hat sich, dass Krisen heute der Vorwand für Renationalisierung sind,[11] während sie früher die Gelegenheit für Europäisierung waren. Europa hat seit Langem sein utopisches Potenzial verloren, einen Traum von sich selbst. In seinem Buch *Memory and the Future of Europe*[12] erklärt Peter Verovšek, dass die EU, in der wir die letzten siebzig Jahre gelebt haben, letztlich nur das Resultat kollektiver europäischer Erinnerungen ist. Die Kriegserfahrungen waren so schrecklich, dass es gelang, einen *Traum* von Europa zu formulieren *(Nie wieder Krieg)*. Vor allem aber gelang es, diesen Traum von Europa

---

11 Siehe für Ungarn: https://hungarianspectrum.org/2020/03/21/translation-of-draft-law-on-protecting-against-the-coronavirus/.
12 Peter J. Verovšek, Memory and the Future of Europe. Rupture and Integration in the Wake of Total War, Manchester University Press 2020.

in praktische Politik umzusetzen, in Recht zu gießen. Kurz: Es gelang, immer in Etappen, nach leidvollen Erfahrungen europäische Solidarität zu *institutionalisieren*. Es waren die sogenannten Gründungsväter der EU – Adenauer oder De Gasperi –, die diese europäischen Verträge gemacht haben, ohne auf Umfragewerte zu schielen.

Nicht die Solidarität ist uns in Europa abhandengekommen, sondern dieser Mechanismus und der politische Wille, ihn am Laufen zu halten: nämlich aus schlechten Erfahrungen Lehren zu ziehen und Solidarität in Europa Stück für Stück zu institutionalisieren, damit sie nicht beliebig bleibt oder nur Symbolpolitik ist. Über die letzten Jahre wurde im Gegenteil ein konsequenter Abbau des europäischen Gemeinschaftsprojekts betrieben. Mit Blick auf die EU waren alle Staats- und Regierungschefs ambitionslos, fantasielos und alternativlos und sind vor ihren jeweiligen populistischen oder nationalistischen Herausforderern in die Knie gegangen.

Die europäischen Krisen der letzten Dekade, die kumulierte Banken-, Euro- und Austeritätskrise, ja, der eigentlich permanente Dauerzustand europäischer Krisen, inklusive der Geflüchtetenkrise von 2015, wurden eben nicht zu einem institutionellen europäischen Schulterschluss genutzt, sondern zur schleichenden Demontage des europäischen Einigungsprojekts. Eine Bankenunion und ein fester Verteilungsschlüssel für

Geflüchtete wären zum Beispiel die Lehren der letzten beiden großen Krisen gewesen. Beides konnte politisch nicht durchgesetzt werden. Vor allem institutionelle Lehren aus Krisen – genau das ist ungleich zu früher! – wurden in Europa seit Langem nicht mehr gezogen. Wer das nicht glauben will, der möge sich den Vorschlag zur *Genuine Economic and Monetary Union*[13] anschauen, der 2012 als mögliche »Lehre« aus der Bankenkrise vorgeschlagen wurde. Und das, was davon bis heute verwirklicht wurde: beinahe nichts! Die letzte Krise hat nicht gereicht, um europäische Solidarität z. B. in Form von Eurobonds oder einer Haftungsunion endgültig zu institutionalisieren. Sie hat im Gegenteil dafür gesorgt, mittels (teilweise undemokratischer) europäischer Auflagen – z. B. das *Memorandum of Understanding* der europäischen Troika – die Nationalstaaten an die Kandare zu nehmen.[14] Corona sorgt nun dafür, europäische Regelungen außer Kraft zu setzen, um die Nationalstaaten zu stärken und sie in der Krise handlungsfähig zu machen, nur um sie dann bei ihrem Handeln allein zu lassen. Darin liegt das Paradox in Europa heute! Die Schuldenbremse ist plötzlich ebenso Geschichte wie

---

13 Das Papier der vier Präsidenten findet man hier: https://www.consilium.europa.eu/media/33785/131201.pdf.
14 Jürgen Habermas hat in diesem Zusammenhang mehrfach von »europäischem Exekutivföderalismus« gesprochen.

die 60-Prozent-Grenze für Staatsschulden. Wie viele Bücher sind in den vergangenen zehn Jahren geschrieben worden, um die ideologische Orthodoxie dieser Politik und das Missmanagement der Bankenkrise in Europa anzuprangern?[15] Aber es schien zu normalen Zeiten schlichtweg unmöglich, dies in einem politischen Prozess *zugunsten Europas* durchzusetzen. Zwar spannt die EZB einen festen Rettungsschirm aus 750 Milliarden, aber wie lange will Europa eigentlich von einer Zentralbank regiert werden?

Wer Europa in Zukunft wirklich krisenfest machen will – wenn das überhaupt noch jemand will –, der müsste sich an die Geschichte erinnern und noch einmal *strukturell* über die politische Formierung nachdenken, die die EU zu dem gemacht hat, was sie heute gerade noch ist. Übersehen wir an dieser Stelle nicht, dass nicht mehr viel von dem Europa da ist, das wir einmal erträumt haben: Polen und Ungarn sind keine Demokratien mehr,[16] das Vereinigte Königreich hat Europa verlassen und geht einer ungewissen Zukunft entgegen. Der europäische Osten ist längst der westliche Ausläufer der neuen chinesischen Seidenstraße. Griechenland wurde erst zu Tode gespart, dann mit den

---

15 Führend dazu Adam Tooze, Crashed: Wie zehn Jahre Finanzkrise die Welt verändert haben, München 2018.

16 Vgl. für Polen: https://www.sueddeutsche.de/politik/polen-verfassung-praesidentschaftswahl-1.4861159.

Geflüchteten alleine gelassen. Um nur die Dinge zu nennen, die unmittelbar ins Auge springen.

Und früher? Zentral für den Prozess der letzten siebzig Jahre europäischer Integration war es in den besten Jahren, dass auf Situationen mangelnder Solidarität stets die *Vergemeinschaftung* von Strukturen folgte, und zwar die Vergemeinschaftung genau jener Lebensbereiche, in denen die Solidarität zu Krisenzeiten gefehlt hat. Erst die Kohle, dann der Markt, dann das Geld. Was also müsste heute folgen?

Mit der Vergemeinschaftung von Kohle und Stahl[17] wurden jene Güter »vergemeinschaftet« und gemeinsamer Kontrolle und Verwaltung unterstellt, die man zur Herstellung von Panzern und Kriegsgerät brauchte. Kein Land sollte sich mehr für einen Krieg rüsten können. Der damalige Gründungsakt der heutigen EU, vielfach pathetisch beschworen, lässt uns denken, es sei ein politisches Kinkerlitzchen gewesen, ganz so, als hätten Konrad Adenauer oder De Gasperi damals mit den Hufen gescharrt, nur um ein paar Jahre später, 1957, die Römischen Verträge unterschreiben zu dürfen. Die historische Forschung hat indes längst zutage

---

17 Aber nicht nur: Auch die Atomenergie wurde gemeinschaftlicher Kontrolle – einer gemeinsamen Behörde – unterstellt, da die Atombombe eine zentrale Waffe im Zweiten Weltkrieg war. Die zivile Nutzung der Kernenergie sollte fortan im Nachkriegseuropa kontrolliert und Missbrauch vorgebeugt werden.

befördert: So war es nicht! Vergemeinschaftet wurde auch damals nur unter höchstem politischen Druck, immer nur so viel wie nötig. Und immer hat man sich mit Zähnen und Klauen dagegen gewehrt.[18] Aber am Ende wurde es eben gemacht.

Gut zwanzig Jahre später, nach den währungspolitischen Wirren der 1970er Jahre, die allen europäischen Volkswirtschaften großen Schaden zugeführt hatten, wurde als »Lehre« aus der in Europa leidvoll erlebten Währungskonkurrenz die Idee geboren, eine europäische Gemeinschaftswährung zu schaffen. Die Auflösung des Bretton-Woods-Systems zu Beginn der 1970er Jahre im Zuge des Ölpreisschocks hatte zuvor dazu geführt, dass sich die europäischen Länder in reziproken Ab- bzw. Aufwertungs- und Inflationsspiralen befanden, wobei jede Abwertung der Lira zum Beispiel die D-Mark aufwertete und dabei den Druck auf Preise und Löhne erhöhte. Diese Realisierung gegenseitiger Abhängigkeit – keiner kann alleine! – führte wieder zur Institutionalisierung von Solidarität in Europa, um in Zukunft den Schaden zu vermeiden, der durch die Währungskonkurrenz der 1970er Jahre entstanden war.

Die Antwort war die parallele Vergemeinschaftung der europäischen Märkte und der europäischen Wäh-

---

18 Alan Milward, The European Rescue of Nation State, London 1992.

rungen. 1986 wurde der Binnenmarkt beschlossen und bis 1992 realisiert, und zwar durch die Durchsetzung von Rechtsgleichheit für Güter. Jedes Produkt, das war damals die »Schlacht« des EUGH der 1980er Jahren, das legal in einem Land der EU hergestellt wurde, sollte in jedem anderen Land der EU verkauft werden dürfen. Keine Diskriminierung von Gütern nach Nationalität, das war die Parole. Glaube auch hier niemand, dass dies eine einfache »Schlacht« war: Die Deutschen nahmen das »beste Bier«, die Italiener die »besten Nudeln«, die Griechen den »besten Schafskäse«, die Franzosen den Champagner und Cognac für sich in Anspruch und wollten die Einführung anderer, vergleichbarer Güter aus Europa in ihren Supermärkten verbieten bzw. Produkte nach Nationalität diskriminieren. Im Vergleich zu dem, worum es heute geht, nämlich die lebensgefährliche Diskriminierung nach Nationalität bei Krankenhausbetten und Atemmasken, war das Geplänkel der 1980er Jahre harmlos. Aber sehr lehrreich. Denn heute geht es in Europa nicht mehr um die Rechtsgleichheit von Gütern, sondern um die vollständige Rechtsgleichheit von europäischen Bürgerinnen und Bürgern. In *#PostCoronaEuropa* dürfen auch sie nicht mehr nach Nationalität diskriminiert werden. Das müsste die entscheidende Lehre der jetzigen Krise sein!

Doch zunächst zurück zur Geschichte. Nicht nur wurden in den 1980er Jahren die europäischen Güter gleich vor dem Recht, das Geld wurde es auch. Ein Markt, eine Währung, war danach die Parole. Aus der »Währungsschlange« der 1970er wurde zunächst unter Giscard d'Estaing und Helmut Schmidt der Ecu, danach unter Jacques Delors, Helmut Kohl und François Mitterrand in den 1990er Jahren der Euro. *Lesson learned!* Wieder einmal hatte Europa »Lehren« aus der Geschichte gezogen, hatte eine für alle Male auf dem Kontinent schädliche Markt- und Währungskonkurrenz in rechtliche Formen gegossen und gemeinsamen Regeln und Kontrolle unterworfen.

Es geschah, dies ist zu betonen, nie freiwillig und immer gegen großen politischen Widerstand. Ob EGKS, Binnenmarkt oder Euro: Wer glaubt, dass diese Vergemeinschaftungen, diese früheren Formen institutionalisierter Solidarität in Europa, die wir in den vergangenen Jahrzehnten sorglos erleben und genießen durften, vom Himmel gefallen oder eine Art kostenlose europäische Grundausstattung sind, der irrt. Vergessen ist, dass die vorausgehenden Prozesse von Vergemeinschaftung, also all jene Dinge, die wir heute als europäische Errungenschaften feiern, politische Kraftakte und keine Pony-Ritte waren. Große Mehrheiten – allein in Deutschland rund 80 Prozent – waren damals in ganz Europa gegen die Einführung des Euro. Heute aber würden selbst hartnäckigste Nationalisten oder Populisten den Euro nicht mehr missen wollen. Die politische Durchsetzung des Euro in den 1990er Jahren wurde damals von einigen Autoren auch als »*Guerre*«, als »Krieg«, bezeichnet[19] – nämlich ein »Krieg« darum, zu welchen Bedingungen die europäische Solidarität fixiert wird und wer welche politischen Kosten trägt. Die politischen »*Schlachten*«, die in diesem Zusammenhang geschlagen wurden, waren damals z. B. die Frage nach der Höhe der endgültig festgelegten Wechselkurse, mit denen jedes Land in den Euro kam, eine Art volkswirtschaftliche Bilanzierung. Es ist bekannt, dass sich einige Länder durch einen leicht getürkten, bewusst niedrigeren Wechselkurs noch schnell einen kleinen Startvorteil beim Euro-Start verschaffen wollten. Kurz: Die verschiedenen Formen der europäischen Vergemeinschaftung, die wir in Europa erfolgreich hinter uns gebracht haben, hatten immer einen Preis. *There is no free Lunch:* Dass europäische Solidarität Geld kostet, versteht sich eigentlich von selbst.

Fraglich ist immer nur der Moment, an dem die Bereitschaft entsteht, den Preis für die geforderte Solidarität auch zu entrichten – und nicht immer nur nach ihr zu rufen. Der Moment also, in dem das Leid, das aus dem *Mangel* an Solidarität entsteht, so schrecklich ist, in dem jene Bilder, die den Mangel an europäischer Solidarität auf allen Fernsehkanälen verströmen, so unerträglich werden, dass wieder ein »utopischer

---

19 Vgl. Pascal Riché, Éric Aeschiman, La guerre de sept ans. Histoire secrète du franc fort, 1989–1996, Paris 1996.

Denkraum« in Europa betreten und dieser in konkrete Politik, in Verträge übersetzt werden kann. Die Frage ist, ob ein solcher Moment nun durch Corona gegeben ist und ob die aktuell handelnden Staats- und Regierungschefs bemüht sind, diesen Moment *für Europa* zu nutzen. Fraglich ist vor allem, ob dieser *europäische Moment* – wenn wir denn überhaupt einen erleben werden – diesmal den europäischen Bürgerinnen und Bürgern zugutekommen wird, denn sie waren bisher die verkannten Subjekte der europäischen Integration.[20]

Ging es die ersten zwei Wochen noch um Solidarität bei Atemmasken und Krankenhausbetten und um eine europäische Struktur im Gesundheits- und Pandemie-Management,[21] so hat sich die Dynamik der Solidaritätsdebatte längst vom Gesundheitsbereich in den ökonomischen Bereich verschoben. Die heiß diskutierte Frage lautet dort: Corona-Bonds – ja oder nein? Mit diesem Vorschlag sind 16 europäische Ökonomen am 21. März an die Öffentlichkeit getreten,[22] was in den Tagen darauf sofort wieder zu der bereits aus der Eurokrise bekannten Nord-Süd-Spaltung in

---

20 Hartmut Kaelble, Der verkannte Bürger. Eine andere Geschichte der europäischen Integration seit 1950, Frankfurt am Main/New York 2019.

21 Alberto Alemanno, vgl. FN 7.

22 Peter Bofinger et al., FAZ, 21.3.2020, vgl. https://zeitung.faz.net/faz/wirtschaft/2020-03-21/139231512034f9e1c-d1211ce1871a646/?GEPC=s3.

Europa führte. Am 24. März veröffentlichten acht vorwiegend südeuropäische Staaten einen offenen Brief an den Rat und warben für Corona-Bonds.[23] Hinter dem ominösen Begriff der »Corona-Bonds« – der Begriff »Eurobonds« wurde in der letzten Krise offenbar politisch so verbrannt, dass niemand ihn mehr in den Mund nehmen darf – steht für nichts Geringeres als *Zinsgleichheit*, wenn es nach der Krise darum gehen wird, Staatsanleihen zur Finanzierung der schwindelerregenden nationalen Rettungsprogramme aufzunehmen. Es ist schon jetzt klar, dass die südeuropäischen Staaten von hohen Zinsen stranguliert werden dürften, während auf deutsche Staatsanleihen womöglich Negativzinsen bezahlt werden. Der Euro dürfte das diesmal nicht überleben. Der portugiesische Premierminister hat am 27. März geäußert, dass »Corona-Bonds« jetzt kommen müssen oder die EU ist am Ende.[24] Ein Markt, eine Währung, jetzt auch gleiche Zinsen? Die (teilweise) Vergemeinschaftung von Anleihen[25] wäre

---

23 Offener Brief der Staats- und Regierungschefs von Frankreich, Belgien, Luxemburg, Spanien, Italien, Griechenland, Slowenien & Irland, https://twitter.com/Shahinvallee/status/1242790458926993409/photo/1, vgl. dazu u. a. auch den Aufruf für Corona-Bonds auf www.Finanzwende.de.

24 Vgl. Politico, 29.3.2020, https://www.politico.eu/article/netherlands-try-to-calm-storm-over-repugnant-finance-ministers-comments/.

25 Es geht nur um bestimmte prozentuale Anteile relativ zum BIP pro Staat.

eine weitere *Institutionalisierung* von Solidarität in Europa, die heutige Lehre aus der Krise. Aber wie vor zehn Jahren regt sich bereits massiver Widerstand, vor allem in Deutschland, aber auch in »Nordeuropa« insgesamt. Peter Altmeier, der deutsche Wirtschaftsminister, sprach bereits von einer »Geisterdebatte«.[26] Die Corona-Krise dürfe nicht genutzt werden, um durch die Hintertür eine »Schuldengemeinschaft« einzuführen. Die EU soll zwar stabilisiert, aber strukturell nicht verändert werden. Setzt sich diese Auffassung durch, würden damit siebzig Jahre europäische Lernerfahrung durchbrochen. Vor allem in Deutschland, dem Land, das allein durch seine Größe und Mittellage für die europäischen Geschicke mehr verantwortlich ist als alle anderen, werden sich die Historiker dann post Corona wohl erneut mit der Frage befassen müssen, warum das schon von Stefan Zweig beklagte *deutsche Europa* in der letzten Dekade wieder so hässlich aufflackern konnte und einer ganzen politischen Klasse der europäische Reflex der alten Bundesrepublik seit der Wiedervereinigung abhandengekommen zu sein schien.[27] Nur durch die Krise kommen und alles bleibt beim Alten ist eben *nicht* genug! Diese Krise ist mithin

---

26 Vgl. https://www.spiegel.de/wirtschaft/altmaier-lehnt-corona-bonds-ab-a-8f622a81-6573-41ac-b844-5662dd174692.
27 Vgl. dazu Ulrike Guérot, Wie hältst du's mit Europa?, Göttingen 2019, und Ulrich Beck, Das deutsche Europa, Berlin 2012.

wohl wahrlich der letzte Lackmustest für die europäische Solidarität, im Gesundheitsbereich ebenso wie im ökonomischen Bereich. Wird sie ausbleiben, dürfte die EU zerfallen.[28]

Von einer »europäischen Finanzkapazität«, dem sukzessiven Aufbau einer fiskalischen Einheit – de facto einem europäischen Finanzministerium – ganz zu schweigen. Denn wir werden auch eine neue Diskussion über kollektive Güter in Europa haben, die nicht privat hergestellt werden können. Hier liegt die eigentliche Chance für ein neues Europa, nämlich diese öffentlichen Güter für alle Unionsbürger gleichermaßen bereitzustellen, weil wir sonst Gefahr laufen, dass sich einige Länder mehr öffentliche Güter werden leisten können als andere und dann Konkurrenz in *#PostCoronaEuropa* darüber entsteht, wer seinen Bürgern nach der Krise am besten helfen kann. Öffentliche Güter zu europäisieren, *Res Publica Europae* – egal ob Infrastruktur oder gar eine europäische Arbeitslosenversicherung oder ein europäisches Grundeinkommen –, das war schon weit vor Corona eine breite akademische Debatte.[29] Zeit, sie in eine breitere Öffentlichkeit

---

28 Vgl. Michael Hüther, Ein Lackmustest für europäische Solidarität, https://www.deutschlandfunk.de/eu-und-die-coronakrise-ein-lackmustest-fuer-europaeische.694.de.html?dram:article_id=473521.

29 Thilo Zimmermann, European Republicanism. Combining Political Theory with Economic Rationale, London 2019;

zu heben, damit, wenn im Herbst der wirtschaftliche Kollateralschaden von Corona auf dem europäischen Kontinent zu beklagen sein wird, sich nicht diejenigen durchsetzen, die schon jetzt, ebenso unter Verweis auf die Krise, z. B. beim *Green New Deal* den Abbau von Regulierung, also das genaue Gegenteil fordern. Wie viel Staat muss, wie viel Markt darf sein, vor allem: Wie sozial will Europa nach Corona sein? Diese Debatte wird derzeit geführt. Wenn Europa darauf eine für alle Unionsbürger gleiche und gemeinsame Antwort fände, wäre schon viel gewonnen. De facto ist damit die Frage nach der Demokratisierung Europas[30] und nach Elementen europäischer Staatlichkeit gestellt[31], und man kann nur hoffen, dass Europa diese Frage im Rahmen der von Ursula von der Leyen in Aussicht gestellten »Konferenz zur Zukunft der EU« (#CoFuE) diskutieren wird.

---

vgl. auch die verschiedenen Arbeiten von Stefan Collignon oder Richard Bellamy zum Thema, z. B. A Republican Europe of States. Cosmopolitanism, Intergovernmentalism and Democracy in the EU, Cambridge University Press 2019.

30 Vgl. Thomas Piketty, Antoine Vauchez et al., Pour un traité de démocratisation de l'Europe, Paris 2017.

31 Keine neue Frage im Übrigen. Sie wurde schon im Vorfeld der europäischen Verfassungsdebatte von 2003 gestellt und diskutiert, z. B. Jean-Marc Ferry, La question de l'etat européen, Paris 2000; eine Übersicht über diese Debatte in Ulrike Guérot, Was ist die Nation?, Göttingen 2019, S. 148–177.

Denn wenn wir nach Corona noch in einer europäischen Demokratie leben wollen, dann hat diese europäische Demokratie *eine* notwendige – wenn auch nicht hinreichende – Bedingung: die Gleichheit der europäischen Bürgerinnen und Bürger vor dem Recht. Bei Atemmasken ebenso wie bei der Grundsicherung oder den Zinsen. Bürger konkurrieren nicht! Wer den Begriff des *European Citizen* ernst nimmt, muss ein von nationalen Komponenten unabhängiges *European Citizenship* begründen. Und zwar jetzt! Eine Steilvorlage hat soeben der EUGH gegeben, mit einem Urteil,[32] in dem er den Briten die Unionsbürgerschaft nicht aberkennt, auch wenn das Vereinigte Königreich die EU zu Jahresende verlässt. Man könnte den 70. Geburtstag der alten Dame EU zum Anlass nehmen, den allgemeinen politischen Gleichheitsgrundsatz für alle europäischen Bürger einzuführen. Und mithin für alle Bürgerinnen und Bürger in *allen* Lebensbereichen das durchsetzen, was für Güter und Geld in Europa schon längst gilt, nämlich Rechtsgleichheit. Damit wir *wirklich* und *endlich* europäische Bürgerinnen und Bürger werden und nicht nur europäische Konsumenten, Verbraucher oder Arbeitnehmer sind. In der Politikwissenschaft nennt man das die »*Politisierung* der europäischen Bürgerschaft«.[33] Erst dann könnte man auf die

---

32 EUGH, Urteil C-789/19 vom 7.2.2020.

33 Sandra Seubert, Shifting Boundaries of Membership: The

von dem französischen Philosophen Étienne Balibar schon 2003 gestellte Frage »*Sommes-nous des citoyens de l'Europe?*«[34] die Antwort geben: Ja!

Bürger, die sich in den Zustand der Rechtsgleichheit begeben, begründen in der Definition von Cicero eine Republik. Es wäre also die Geburtsstunde einer Europäischen Republik. Es wäre auch der Moment einer gemeinsamen europäischen Erinnerung an die eigene politische Ideengeschichte, an Platon und Aristoteles, an Kant und Rousseau. Daran, dass Menschen nicht von einem Markt und einer Währung regiert werden, sondern dass es bei politischen Einheiten immer darum geht, ein *Gemeinwohl* zu organisieren und nicht darum, maximalen Profit zu ermöglichen. In Portugal, dies zum Abschluss eher als Fußnote, stehen heute den dreiunddreißig öffentlichen Krankenhäusern fünfzig private Kliniken gegenüber, die inmitten der Corona-Krise auf unbestimmte Zeit geschlossen und einen großen Teil der Belegschaft entlassen haben, da es an Patienten fehle, die nichts mit dem Virus zu tun hätten. Der portugiesische Rechnungshof hat sich schon in seinem letzten Bericht darüber beschwert, dass vie-

politicisation of free movement as a challenge for EU citizenship, 15. Dezember 2019, https://onlinelibrary.wiley.com/doi/full/10.1111/eulj.12346.

34 Étienne Balibar, Sind wir Bürger Europas? Politische Integration, soziale Ausgrenzung und die Zukunft des Nationalen, Hamburger Edition 2003.

le Spezialbehandlungen sowie Laboruntersuchungen, die nur noch privat zu bekommen sind, ein Vielfaches kosten wie vor der Privatisierung, an der einige wenige durch Lizenzvergaben viel verdient haben, die den Steuerzahler und damit die Allgemeinheit aber massiv geprellt hat. Wenn Europa überhaupt heil aus dieser Krise kommt, wird es dringend über die ideellen, die *europäischen* Grundlagen seines Wirtschaftens nachdenken müssen: Gemeinwohlökonomie, katholische Soziallehre, die Kommune, die Genossenschaft, das gehört alles dazu. Ein pervertierter Liberalismus eher nicht.[35]

Und darüber, dass das Republikprinzip das oberste Verfassungsprinzip ist[36] und nicht die Hingabe an einen Binnenmarkt. Daran, dass es immer europäisches Streben war – in den Worten der verstorbenen Agnès Heller – »*Republikanismus und Universalismus miteinander zu verbinden*«[37] und nicht, sich in einen nationalstaatlichen Globalisierungswettlauf zu begeben. Selten war, schaut man in die europäischen Gazetten,

35 Vgl. Markus Gabriel, Wir brauchen eine metaphysische Pandemie, https://www.uni-bonn.de/neues/201ewir-brauchen-eine-metaphysische-pandemie201c.
36 Karsten Nowrot, Das Republikprinzip in der Rechtsordnungengemeinschaft. Methodische Annäherungen an die Normalität eines Verfassungsprinzips, Tübingen 2014.
37 Elisabeth von Thadden, »Glück, was ist das?«, Interview mit Agnès Heller in: ZEIT, 8.5.2019.

Europa vielleicht näher an dieser Erkenntnis als in diesen Corona-Tagen.

Anstatt von »Schuldengemeinschaft« zu sprechen, könnte man also verstehen, dass der Moment der Haftungsgemeinschaft im Grunde der Moment einer Staatsgründung ist. Um mit Max Weber zu sprechen: »*Die Nation ist eine gefühlsmäßige Gemeinschaft, deren adäquater Ausdruck ein eigener Staat wäre, die also normalerweise die Tendenz hat, einen solchen aus sich hervorzutreiben.*«[38] Das in diesen Tagen auszusprechen, würde Europa wahrscheinlich guttun. Es würde genau den utopischen Raum kreieren, den Raum für einen Neuanfang, für eine Verfassung, die Europa so dringend braucht und von der im Vorfeld der letzten Europa-Wahlen im Mai 2019 bereits viel die Rede war.[39] Es gibt auch einige empirische Evidenz dafür, dass die europäischen Bürgerinnen und Bürger in ausreichender Mehrheit dafür zu haben wären.[40] Wie es scheint, leider die Staats- und Regierungschefs nicht. Gerade ihnen fehlt die Weitsicht, der Mut, der Wille zu Europa oder alles drei. Das ist die eigentliche Tragik

---

38 Max Weber, Diskussionsreden auf dem zweiten Deutschen Soziologentag in Berlin 1912, in: Max Weber, Gesammelte Aufsätze zur Soziologie und Sozialpolitik, hrsg. von Marianne Weber, Tübingen 1988, S. 484–487.
39 Z. B. die »Amsterdamer Erklärung« der europäischen Partei VOLT.
40 Ulrike Guérot, FN 27.

des heutigen Europa, nämlich dass die europäischen Bürger weiter scheinen als ihre politischen Repräsentanten! Wenn Europa nach dieser Krise neu aufgebaut wird, ja, wenn es überhaupt eine neue Chance haben soll, werden es die Bürgerinnen und Bürger Europas aufbauen müssen und nicht die Staats- und Regierungschefs. Und damit dem nahekommen, was Jean Monnet einst gemeint hat, als er sagte: *»Nous ne coalisons pas des États, nous unissons des hommes.«*[41] Dass wir momentan keinen Sternmarsch aus ganz Europa mit wehenden europäischen Fahnen nach Italien organisieren können – ja, dass wir das nicht dürfen – ist vielleicht die größte Tragödie, denn nicht einmal die symbolischen Zeichen der Solidarität können wir derzeit setzen!

Wer jetzt argumentiert, dass nach Corona in Europa alles so bleiben muss, wie es ist, dass alle Rettungspakete nur temporärer Natur sind; wer argumentiert, dass Corona kein *Vorwand* sein darf, Dinge in Europa strukturell und dauerhaft zu ändern, der ist de facto der Totengräber Europas, dessen große Stärke es war, in jedem Moment seiner Geschichte »Lehren« aus eben dieser zu ziehen. Hoffen wir zudem, dass Europa sich bald daran erinnert, dass der Sinn der Politik nach Hannah Arendt immer die Verteidigung der Freiheit,[42] nicht die Garantie von Sicherheit ist!

---

41 Wir verbinden nicht Staaten, sondern wir einen Menschen.
42 Hannah Arendt, Die Freiheit, frei zu sein, München 2018.

Georg Psota
Gemeinsam statt einsam:
Wie wir in der Krise psychisch gesund bleiben
9. April 2020

Ich möchte sehr offen zu Ihnen sein und vorweg festhalten, dass die aktuellen Umstände – als Spiegel der Zeitverläufe in der Corona-Krise – nicht nur von den Vortragsbedingungen her völlig anders sind, als es sonst bei Wiener Vorlesungen der Fall ist. Üblicherweise – das habe ich mir von entsprechenden ExpertInnen sagen lassen – beträgt die Vorbereitungszeit einige Monate, meine Vorbereitungszeit waren einige Tage. Das ist schon ein Unterschied und infolge dieser beinahe schon surreal wirkenden Beschleunigung, die das Leben aller Gesundheitsanbieter und aller Veranstalter in Europa derzeit prägt, geschehen auch kleine Unschärfen, so bei dem Titel der heutigen Vorlesung, den ich selbst in größter Eile vorgeschlagen habe: Es geht natürlich nicht um irgendeine Krise, in der man psychisch gesund bleiben möge, sondern es geht um die Corona-Krise.

Eine zweite nachzuholende Präzisierung des Vorlesungstitels betrifft den Passus: »Wie wir psychisch gesund bleiben.« Das setzt voraus, dass wir zurzeit alle psychisch gesund wären, diverse Untersuchungen zeigen aber, dass zu einem x-beliebigen Zeitpunkt, also

z. B. gerade jetzt, etwa zehn Prozent der Bevölkerung psychisch erkrankt sind. Man nennt das Punktprävalenz. Innerhalb eines Kalenderjahres sind dann etwa 30 Prozent der Bevölkerung psychisch erkrankt gewesen. Das wäre dann die Einjahresprävalenz. Jedenfalls ist mir dieser Teil der Bevölkerung ein besonderes Anliegen, denn für diese Gruppe geht es darum, nicht noch schwerer zu erkranken, als es ohnehin der Fall ist.

Es geht also darum, wie wir die Corona-Krise und ihre Folgen psychisch bewältigen. Und es geht darum, was wir als Einzelne und als Gemeinschaft dazu tun können.

Eine erste Voraussetzung ist, dass wir das, was sich da in unseren Breiten in den letzten zehn, vor allem in den letzten sechs Wochen, ereignet hat, als das erkennen, was es ist: eine Krise in existenziellem Ausmaß und in ungeheurem Tempo. Teils durch die Pandemie selbst, teils durch die Maßnahmen, die zur Eindämmung der Pandemie notwendig sind oder die man zumindest dafür für notwendig hält. Das »Für-notwendig-Halten ohne es genau zu wissen« ist übrigens keine Schande, es gibt keine einfachen und bereits erprobten wirksamen Modelle zur Eindämmung einer derartigen Pandemie, und es ist die weitaus heftigste weltweite Krise der letzten immerhin 75 Jahre. Aber bevor wir etwas bewältigen können, müssen wir zuerst einmal erkennen, was es ist, und dann müssen wir es auch verstehen und dafür brauchen wir Zeit. Der Trendforscher Franz Kühmayer hat vor Kurzem in einem Interview gemeint, dass wir – ich zitierte wörtlich – »auch bei der Corona-Krise den üblichen Krisenzyklus erleben werden: Leugnung, Schock, Aggression, Depression – und dann die Freude, dass wir es geschafft haben!« Ich möchte mich nicht festlegen, wo wir da gerade stehen, aber die Leugnung und den Schock haben wir zu einem Teil hinter uns.

Meine Hobbys sind ganz andere als das Bergsteigen und dennoch will ich mich einer Metapher mit einem Berg bedienen: ein Berg als das Symbol der Krise, und unsere Aufgabe ist es, diesen Berg zu überwinden, um unseren Weg danach in viel leichterem Gelände fortsetzen zu können. Um eine Krise, alias Berg, zu bewältigen, muss man zuerst einmal erkennen, wie hoch dieser Berg ist, man ist auch gut beraten es anzuerkennen, also die Größe richtig einzuschätzen. Auch wenn uns dieses Einschätzen unangenehme Gefühle einbringt, im Sinne von »ziemlich hoch, dieser Berg«, und wir lieber hätten, er wäre kleiner – gilt dennoch, dass sich der Berg nicht um unser Befinden kümmert. Mit einem Berg können wir auch nicht verhandeln. Und geübte Bergsteiger werden mir recht geben, dass es zudem notwendig ist, Pausen einzuplanen und es überhaupt darauf ankommt, diesen Berg zu verstehen, also die günstigsten Wanderwege oder Kletterpfade zu wählen, und das sowohl beim Aufstieg als auch beim Abstieg.

Um eine Herausforderung zu bewältigen, müssen wir sie also zuerst einmal erkennen, richtig einschätzen und dann auch verstehen. Das gilt auch für die Corona-Krise.

Zum Verstehen: Was macht dieses Virus so speziell?

1. Dass wir entgegen unserer sonstigen Gewohnheit keine Abwehrstoffe gegen dieses Virus haben, keine wirksamen Antikörper. Außer wir waren damit schon infiziert, haben diese Infektion überlebt und haben dabei Antikörper gebildet, die uns in ausreichender Zahl und Wirkdauer vor einer Neuinfektion schützen. Über diese Problematik wissen wir noch zu wenig, aber die gesamte Wissenschaft, sozusagen alle gemeinsam, forscht intensiv daran, und eine wirksame Impfung – die es eines Tages geben wird – ändert die Situation völlig zu unseren Gunsten.

2. Ist dieses Virus offenbar sehr ansteckend und zwingt uns, auf körperliche Distanz zu gehen. Ich halte im Übrigen den Begriff des *social distancing* für unpassend und irreführend, denn es geht um ein körperliches Distanzieren, keineswegs um ein soziales und schon gar nicht um ein emotionales Distanzieren. Im Gegenteil: Es geht um soziale und emotionale Nähe bei körperlicher Distanz. Unser soziales Ich ist bloß sehr stark daran gewöhnt, körperliche Nähe in verschiedensten sozialen Situationen anzuwenden. Verschiedene Formen menschlichen Sozialverhaltens, wie zum Beispiel in unseren Breiten das Händegeben, der Händedruck, ein symbolhaftes Verhalten, dass man vertrauenswür-

dig ist, sind mit der nötigen körperlichen Distanz völlig unmöglich. Auch deshalb müssen wir es derzeit unterlassen. Erst recht ist unser emotionales Ich gefordert, da es im wahrsten Sinne des Wortes Streicheleinheiten braucht. All das hat Gründe, die in der speziellen Eigenheit unseres Wesens als Menschen liegen und die Yuval Noah Harari in seinem Buch *Eine kurze Geschichte der Menschheit* wunderbar beschrieben hat. Das Erfolgsgeheimnis des Menschen auf diesem Planeten beruht in vielfacher Weise auf seinen sozialen Fähigkeiten und ganz besonders darauf, sogar in sehr großen Gruppen gemeinsam zu handeln, eine gemeinsame Idee, Erzählung, Geschichte zu entwickeln, an sie zu glauben und sie gemeinsam zu erzählen. Wenn die britische Queen vor wenigen Tagen in einer – herausragend guten – Rede auf die traditionelle Fähigkeit der Briten, in schwersten Krisen einen Gemeinschaftssinn zu entwickeln, Bezug nimmt, dann erzählt sie eine Geschichte und Millionen Briten übernehmen und tragen sie gemeinsam.

Unser emotionales Ich hingegen ist deshalb so gefordert, da wir im Vergleich zu allen anderen Lebewesen auf diesem Planeten noch sehr unfertig geboren werden und vergleichsweise sehr viele Jahre abhängig von den sozialen Interaktionen und der emotionalen Nähe anderer Menschen sind, von den Menschen, die sich um uns kümmern, solange wir Kinder sind. In dieser Zeit erfahren wir über körperliche Nähe und

Wärme, über Geruch und Stimme ganz viele Elemente wie Sicherheit, Zufriedenheit, Wohlbefinden und vieles andere mehr. Wir gewöhnen uns daran und haben auch als Erwachsene ein Bedürfnis danach. Auch diese notwendige Nahrung für unser emotionales Ich ist durch die Bedrohung des Corona-Virus um einiges schwieriger, zumindest riskanter, zu bekommen.

Wir bräuchten gar keine weiteren Pandemie-Eindämmungsmaßnahmen, und Formen, auf uns Menschen belastend einzuwirken wäre schon schwierig genug.

Was können wir also alldem entgegenhalten, wie können wir diese Corona-Krise bewältigen und überwinden?

Ich möchte Ihnen sieben Anhaltspunkte dazu geben, sieben Punkte, um sich psychisch anhalten zu können:

1. Die Perspektive: Diese Krise wird vorbeigehen, und zwar sowohl medizinisch als auch wirtschaftlich und gesellschaftlich. Sie wird deshalb vorbeigehen, weil wir Menschen eben die Fähigkeit haben, dass wir in großen Gruppen sozial kommunizieren können und auch sehr gut gemeinsame Anstrengungen unternehmen können. Es haben sich zu Beginn dieser Krise einige Staaten nicht gerade solidarisch verhalten, aber zunehmend geht es um ein großes gemeinsames Bemühen, und das wird vieles möglich machen.

2. Der Schutz: Dieser Schutz ist zum einen ein körperlicher, im Sinne der körperlichen Distanz, und ebenso hilft auch psychische Distanz. Nehmen Sie zuerst einmal Tempo raus und schützen Sie sich vor einer Überflutung mit schlechten Nachrichten und ganz besonders vor Fake News. Aber auch bei seriösen Fakten genügt es, dreimal am Tag up to date zu sein. Machen Sie dazwischen Pausen. Kommen Sie zur Ruhe. Und wenn Sie die Zeit dazu haben, beschäftigen sie sich mit schönen Dingen, mit solchen, die sie schon lange mögen, die Ihnen vertraut sind, lesen Sie ein gutes Buch, schauen Sie einen guten Film auf DVD, bereiten Sie sich ein gutes Essen und bemerken Sie, wie schön die Natur im Frühling bereits wieder ist. Belohnen Sie sich und schützen Sie sich mit dem Wahrnehmen des Schönen vor den Widrigkeiten.

3. Die Struktur: Schaffen Sie Strukturen, sei es in der Zeit, also im Tagesablauf, der Ihnen ein Gerüst zum Anhalten geben soll, sei es in der Raumstruktur. Vor allem bei beengten Wohnverhältnissen achten Sie darauf, dass jeder seine Ecke, seinen eigenen Platz hat, und dass dieser Platz wirklich dem einzelnen Menschen vorbehalten ist. Schaffen Sie Ordnung, ruhig auch mit Bedacht und ohne Hetze. Das gibt ein gutes Sicherheitsgefühl. Schaffen Sie auch eine Struktur in Ihren telefonischen Kontakten, oder bei Ihrer Videotelefonie.

4. Der soziale Aspekt: Achten Sie auf Ihre Beziehungsmenschen, auf Ihren sozialen Airbag, bleiben Sie mit den Menschen, die Ihnen wichtig sind und für die Sie wichtig sind, in Kontakt, wenngleich jetzt eben in körperlich distanzierter Form. Wozu haben wir Menschen das Handy, Skype, FaceTime und was es sonst noch alles gibt, erfunden, wenn nicht für jetzt? Bei Ihren Kontakten seien Sie freundlich, Sie werden davon profitieren, denn dann wird man auch zu Ihnen freundlich sein, zusätzliche Konflikte in der Krise sind eine entbehrliche Mühsal. Helfen Sie anderen, ohne dabei unvorsichtig zu sein, und lassen Sie sich auch helfen. Menschen können allein sein und das Alleinsein gut aushalten, manchmal sogar brauchen, aber niemand muss einsam sein, wenn wir aufeinander achten und in Beziehung bleiben. Ein Interviewer hat mich kürzlich nach Möglichkeiten gefragt, älteren Menschen aus ihrer Isolation zu helfen, und ich meinte, dass aktives Anrufen per Telefon auch eine Art des Besuches ist und gut helfen kann. Der Interviewer schien mir ein wenig enttäuscht, aber als jemand, der dreißig Jahre fast wöchentlich auch an einem Krisentelefon tätig war, darf ich Ihnen versichern, dass ein Telefonat sehr hilfreich sein kann, um in eine gute menschliche Beziehung zu kommen. Genau dieser Aspekt ist für viele Menschen wichtig, für jene, die schon a priori an einer psychischen Erkrankung leiden, ist er es derzeit ganz besonders.

5. Die körperliche Gesundheit: Sie ist auch ein wesentlicher Aspekt für die psychische Gesundheit, achten Sie auf Ihre Körperhygiene, dazu gehört auch körperliche Betätigung, z. B. Fitnessübungen zu Hause und ein Spaziergang im Freien, nehmen Sie Ihre notwendigen Medikamente so regelmäßig wie noch nie, achten Sie auch auf Ihre Zahnhygiene, auf ausreichend Schlaf, der in der Regel vor Mitternacht beginnen sollte. Trinken Sie ausreichend nicht alkoholische Flüssigkeiten und halten Sie gerade jetzt Ihren Alkoholkonsum in verträglichen Grenzen und schaffen Sie nicht ein zusätzliches Problem für sich und andere.

6. Der Sinn: Geben Sie Ihrem Dasein einen Sinn. Frei nach Viktor Frankl, dem Erfinder der Logotherapie, kann dieser Sinn auch ausschließlich darin bestehen, diese schwierige Zeit zu überstehen. Selbstverständlich kann es auch darum gehen, anderen etwas zu geben, aber es ist genauso legitim, wenn es jetzt einmal um Sie selbst geht.

7. Das Gemeinschaftsgefühl: Ein menschliches Empfinden, dessen Entdeckung und Beschreibung wir dem Wiener Arzt und Psychotherapeuten Alfred Adler verdanken. Es wurde von ihm als eine Art Zusammengehörigkeitsgefühl aller Menschen zueinander beschrieben und mit modernen wissenschaftlichen Erkenntnissen wie z. B. zu den Spiegelneuronen in gewisser Weise bestätigt. Es ist der menschlichen Fähigkeit des Gemeinsamkeitsgefühls zuzuschreiben, dass Menschen in Gesundheitsberufen – in manchen Ländern vor Ansteckung selbst schlecht geschützt – sich um an Corona erkrankte Menschen kümmern und dabei persönlich viel riskieren. Auch die berührenden Bilder aus

Italien oder England, wo sich Hunderttausende Menschen zu bestimmten Zeiten alle gemeinsam bei diesen Heldinnen und Helden dafür bedanken und eine große berührende und gemeinsame Geschichte teilen, ist ein Ergebnis des Gemeinschaftsgefühls.

Machen Sie sich bewusst, dass diese Krise uns alle gemeinsam betrifft und dass wir sie nur gemeinsam lösen können und auch lösen werden.

Zum Abschluss möchte ich als jemand, der selbst in jungen Jahre an Intensivstationen tätig war, allen Kolleginnen und Kollegen aus der Ärzteschaft und der Pflege, die Corona-erkrankte Menschen auf welchen Stationen auch immer behandeln, meinen Dank und größten Respekt aussprechen, auch allen Schlüsselkräften, wie es heute so schön heißt, und nicht zuletzt meinen Teams bei den Psychosozialen Diensten in Wien und auch bei pro mente Wien, die weiter unmittelbaren Patientenkontakt haben. Sie alle machen einen großartigen Job und das in einer Atmosphäre, die ganz stark vom Gemeinschaftsgefühl geprägt ist. Mein Dank geht auch an alle Patientinnen und Patienten und an deren Angehörige, dass sie die veränderten Bedingungen dieser schwierigen Zeit mit einem so großen Bemühen akzeptieren und ebenso versuchen, das Beste daraus zu machen.

Barbara Prainsack
Gesellschaft im Umbruch:
Was macht die Pandemie mit uns?
Erste Ergebnisse aus den Sozialwissenschaften
23. April 2020

Erinnern Sie sich an den Moment, als Sie zum ersten Mal von dem neuen Corona-Virus hörten? Mit großer Wahrscheinlichkeit war das zu Beginn des Jahres 2020, zu einer Zeit, als Corona noch ein Problem der Region Wuhan war. Vielleicht lasen Sie in der Zeitung davon und waren froh, nicht in China zu leben. Dass das Corona-Virus auch Österreich treffen würde, kam Ihnen damals gar nicht in den Sinn.

Wenn diese Beschreibung auf Sie zutrifft, dann ging es Ihnen wie den meisten Österreicher*innen. Corona war bis tief in den Februar hinein für die meisten Menschen ein weit entferntes Problem – so wie überhaupt Infektionskrankheiten in den letzten Jahren und Jahrzehnten als eine Herausforderung galten, mit der hauptsächlich Entwicklungs- und Schwellenländer zu kämpfen haben. Die reiche Welt hingegen, dachten viele, hadert mit ganz anderen »Epidemien«: Stress, Übergewicht, Medikamentenabhängigkeit.

Dann, im Februar, ging alles plötzlich sehr schnell. Während die erste Covid-19-Erkrankung in Österreich erst in der letzten Februarwoche bestätigt wurde, fanden sich Menschen im Westen des Landes aufgrund der Nähe zu Italien schon früher damit konfrontiert. Ihre Kolleg*innen aus Südtirol konnten plötzlich nicht mehr zur Arbeit kommen, und besonders stark betroffene Gebiete im Norden Italiens wurden schon im Februar unter Quarantäne gestellt. Ab Anfang März galten dann in ganz Italien strenge Ausgangsbeschränkungen. In Österreich waren seit dem 16. März Maßnahmen zur Eindämmung der Corona-Krise in Kraft, die erst im Mai wieder gelockert wurden.

Was hat die Pandemie mit unserem Land gemacht?

Zum Zeitpunkt des Verfassens dieses Beitrags, Mitte Mai 2020, ist es selbstverständlich noch zu früh, um abschließende Schlussfolgerungen zu ziehen. Trotzdem gibt es bereits zu diesem Zeitpunkt wichtige Erkenntnisse dazu, wie sich die ersten Wochen der Krise auf die Menschen im Land ausgewirkt haben. Ich werde mich im Folgenden auf die Ergebnisse zweier Studien beziehen: Die erste ist eine Online-Befragung einer repräsentativen Stichprobe von Österreicher*innen, die wir seit Ende März wöchentlich durchführen.[1] Die-

---

1 Austrian Corona Panel Project (2020): Austrian Corona

se Studie wurde von Bernhard Kittel am Institut für Wirtschaftssoziologie der Universität Wien konzipiert und von ihm, gemeinsam mit Sylvia Kritzinger, Hajo Boomgaarden und mir geleitet. Es handelt sich um eine Panel-Survey, was bedeutet, dass jedes Mal dieselben Menschen befragt werden. Dies ermöglicht es, Veränderungen über die Zeit zu beobachten.

Die zweite Studie, auf deren erste Ergebnisse ich mich hier beziehe, ist eine qualitative Studie, die ich gemeinsam mit meiner Kollegin Katharina Kieslich leite.[2] Statt einer Online-Befragung, in der die Menschen in einem Formular zwischen unterschiedlichen Antwortmöglichkeiten wählen, führen wir 45–60-minütige Interviews mit Menschen, in denen es auch möglich ist, direkt nach dem »Warum« und »Wie« zu fragen – am Telefon oder über eine Internetplattform. In insgesamt neun europäischen Ländern – darunter Österreich, Deutschland und die deutschsprachige Schweiz – sprechen wir mit Menschen aus unterschiedlichen Einkommens- und Bildungsschichten, um von ihren Erfahrun-

Panel Data. Universität Wien. Für weitere Informationen siehe: https://viecer.univie.ac.at/coronapanel/.

2 Beteiligte Länder (Stand Mai 2020): Belgien, Deutschland, Frankreich, Irland, Italien, Niederlande, Österreich, Schweiz (deutschsprachige Regionen) und Vereinigtes Königreich. Für mehr Informationen siehe: https://politikwissenschaft.univie.ac.at/forschung/forschungsschwerpunkte/cescos-zeitgenoessische-solidaritaetsstudien/solidarity-in-times-of-a-pandemic-what-do-people-do-and-why/.

gen und Erlebnissen mit der Krise zu lernen. Wir taten bzw. tun dies zu unterschiedlichen Zeitpunkten: Einmal im April 2020, als die Ausgangsbeschränkungen noch in Kraft waren, und dann wieder in Abständen von mehreren Monaten. Während die zuerst genannte wöchentlich durchgeführte Online-Umfrage Veränderungen in den Lebensbedingungen und Ansichten der Menschen zeitnah erfassen und sich ansehen kann, wie bestimmte Meinungen und Praktiken in der österreichischen Bevölkerung verteilt sind, erlaubt es uns die Interview-Studie, sowohl Unterschiede zwischen den Ländern als auch tiefer liegende Zusammenhänge zu ergründen: Wenn sich Menschen während der ersten Phase der Krise an die von der Regierung verordneten Maßnahmen hielten, warum taten sie dies? Wen suchten sie damit zu schützen? Woran hielten sie sich nicht, und was war bzw. ist der Grund dafür? Wie hat sich der Alltag der Menschen in den neun Ländern seit der Lockerung der Beschränkungen verändert? Zudem gibt uns das qualitative Studiendesign die Möglichkeit, Dinge zu erfahren, die bisher unter dem Radar der Forschung und der Politik waren und die daher in den Online-Fragebögen noch gar nicht vorkommen: Nutzen Menschen digitale Technologien nun anders als vor der Krise, und wenn ja, wie? Was möchten sie sich davon in die Zeit nach der Krise mitnehmen?

Ungleichheit und Desinformation:
Erste Ergebnisse

Was haben wir bisher also aus den österreichischen Daten dieser beider Studien gelernt? Als Allererstes: Unser Land ist in der Krise ungleicher geworden. Wir fanden diesen Effekt in den unterschiedlichsten Lebensbereichen. So stellte es sich etwa heraus, dass Personen mit höherem Einkommen und höherer formaler Bildung weniger von Kündigungen betroffen waren.[3] Unter Menschen mit maximal Pflichtschulabschluss hingegen verlor einer von sieben innerhalb des ersten Monats der Krise seinen Arbeitsplatz. Wer vor Corona in Österreich bereits wenig Geld zur Verfügung hatte, hatte während der Krise statistisch gesehen noch weniger – und war auch ängstlicher und depressiver als vorher. Unsere Studie zeigte zudem, dass negative Gefühle wie Angst, Wut und Einsamkeit besonders häufig bei Arbeitslosen und Bezieher*innen von Erwerbsunfähigkeitsleistungen anzutreffen waren – neben Schüler*innen, Studierenden und haushaltsführenden Personen. Bei einigen dieser Gruppen mag dies damit zusammenhängen, dass ihre Routinen durch die Ausgangsbeschränkungen und den Entfall des normalen Schul- und Universitätsbetriebs

---

3 https://viecer.univie.ac.at/corona-blog/corona-blog-beitraege/blog09/ (von Paul Pichler, Philipp Schmidt-Dengler und Christine Zulehner).

stark durchbrochen wurden, was natürlich auch Angst machen kann; es ist jedoch anzunehmen, dass es bei sehr vielen um existenzielle Ängste ging.

Auch in einem anderen Lebensbereich hat die Corona-Krise jene Menschen besonders hart getroffen, die es schon zuvor schwer hatten: Wer vor Corona auf engstem Raum lebte, hatte in der Krise noch mehr zu kämpfen. Je nach Haushaltsgröße liegt die durchschnittliche Wohnfläche, die Österreicher*innen zur Verfügung steht, zwischen 26 Quadratmetern und 70 Quadratmetern pro Person. Die kleinere Zahl bezieht sich auf Haushalte, in denen fünf oder mehr Personen leben, während alleinlebende Menschen durchschnittlich 70 Quadratmeter zur Verfügung haben. Das klingt nicht schlecht, ist jedoch leider nur ein Durchschnitt. Menschen in größeren Familien und jene, die in Städten leben, haben oft viel weniger Platz zur Verfügung als es dieser statistische Mittelwert suggeriert. Und eines von fünf Kindern verbrachte die Krise in Haushalten, in denen jeder und jedem einzelnen Bewohner*in nur sehr wenig Platz zur Verfügung stand.[4] Ganz ähnlich sah es mit Zugang zu Außenflächen aus: Während 88 Prozent Zugang zu einem Garten oder einem Balkon haben, sind unter jenen 12 Prozent, die keinen Zugang zu Außenbereichen haben, Menschen mit geringerem Einkommen und in städtischen Gebieten überreprä-

---

4 https://viecer.univie.ac.at/coronapanel/corona-blog/corona-blog-beitraege/blog05/ (von Johann Bacher).

sentiert.[5] Von häuslichen Konflikten waren jene häufiger betroffen, die mit Kindern zusammenleben. Während der Ausgangsbeschränkungen im März und April erlebte fast ein Viertel (23 Prozent) der Menschen, die mit Kindern im Haushalt leben, mehr Konflikte als vorher. Ein Drittel hatte Schwierigkeiten, die Kinderbetreuung zu organisieren. Alleinerziehende Eltern und Familien mit zwei oder mehr Kindern berichteten von den größten Herausforderungen.[6]

Zweitens hat unsere Corona-Panel-Studie auch gezeigt: Österreicher*innen sind Nachrichten-Junkies. Satte 80 Prozent konsumierten während der Corona-Krise mindestens einmal am Tag traditionelle Nachrichtenmedien, um etwas über Covid-19 zu erfahren. Diejenigen, die persönlich ein besonders hohes Risiko hatten, taten dies noch häufiger als Menschen mit niedrigem Risiko. Etwa zwei Drittel aller Befragten (57 Prozent) nutzten soziale Medien zu diesem Zweck (interessanterweise war bei Hochrisikogruppen insbesondere WhatsApp beliebt). Nur elf Prozent der Bevölkerung konnten während der Corona-Krise von Nachrichtenmedien überhaupt nicht erreicht werden.[7]

---

5 https://viecer.univie.ac.at/corona-blog/corona-blog-beitraege/blog10/ (von Johann Bacher).

6 https://viecer.univie.ac.at/corona-blog/corona-blog-beitraege/blog06/ (von Caroline Berghammer).

7 https://viecer.univie.ac.at/corona-blog/corona-blog-beitraege/blog04/ (von Noelle S. Lebernegg, Jakob-Moritz Eberl, Hajo Boomgaarden und Julia Partheymüller).

Gleichzeitig war aber auch Desinformation während der Krise weit verbreitet. In der Corona-Panel-Survey konfrontierten wir unsere Befragten etwa mit fünf Aussagen, die unter dem Schlagwort »Verschwörungstheorien« zusammengefasst werden könnten: nämlich dass ein Impfstoff von der Regierung bzw. von der Pharmaindustrie zurückgehalten wird; dass das Virus durch chinesische Produkte übertragen werden kann; dass es einem missglückten US-Militärversuch entstammt; oder dass das Corona-Virus eine Biowaffe ist. Weniger als die Hälfte der Befragten identifizierte alle fünf Aussagen als falsch. Eine von acht Personen hielt nicht einmal eine einzige dieser Aussagen für falsch.[8]

Auch wenn diese Ergebnisse Anlass zur Besorgnis geben können, möchte ich davor warnen, zur Lösung dieses Problems die Menschen dazu aufzurufen, verlässlichere Informationsquellen zu konsultieren oder womöglich die vermeintliche Ignoranz und Dummheit der Menschen anzuprangern. Wir wissen aus der sozialpsychologischen Forschung, dass es in Zeiten, in denen Menschen mit einem sehr hohen Maß an Unsicherheit umgehen müssen und in denen sich die Lebensumstände vieler Menschen rapide und fundamental verändern, eine Tendenz zu sogenannten homogenisierenden Er-

---

8 https://viecer.univie.ac.at/corona-blog/corona-blog-beitraege/blog21/ (von Jakob-Moritz Eberl, Noelle S. Lebernegg und Hajo Boomgaarden).

klärungen gibt. Das bedeutet, dass Menschen versuchen, die Komplexität der Situation dadurch zu reduzieren, dass sie zu einfacheren Erklärungen neigen als sie es normalerweise tun würden. Die Vorstellung, dass das Problem eine einzige Ursache hat (oft durch einen bestimmten Übeltäter verursacht), stellt das Problem als einfacher lösbar dar. In anderen Worten: Verschwörungstheorien nehmen Angst.

Die richtige Antwort auf die Verbreitung verschwörungstheoretischer Erklärungsmuster ist also nicht ein Aufruf an die betroffenen Personen, doch bitte endlich zur Vernunft zu gelangen. Eine effektive Antwort muss auch darin bestehen, Menschen so viel Sicherheit zu geben, wie es in einer Zeit der großen Unsicherheit möglich ist: Wie die Zukunft aussehen wird, kann niemand sagen, aber: Menschen sollen sich nicht darum sorgen müssen, ob sie, wenn sie ihre Arbeit verlieren, auch gleich aus ihrer Wohnung ausziehen müssen. Man soll sich nicht darum sorgen müssen, ob die Kinder eine neue Schultasche bekommen können. Soziale und ökonomische Sicherheit ist das beste Mittel gegen Verschwörungstheorien.

Vertrauen in die Krisenbewältigung in Österreich

Generell fanden wir in Österreich allerdings große Zustimmung zur Krisenbewältigung der österreichischen

Bundesregierung, insbesondere während der ersten vier Wochen der Krise. Zum Teil lag die daran, dass die meisten Österreicher*innen die Lage sehr ernst nahmen: Selbst Mitte April, als die Ausgangsbeschränkungen bereits einen Monat in Kraft waren und an den Reserven der Menschen gezehrt hatten, stimmten noch über 70 Prozent der Befragten der Aussage zu, die Regierung müsse auch »auf sehr unwahrscheinliche Ergebnisse vorbereitet sein, selbst wenn diese Vorbereitungen mit hohen finanziellen Kosten verbunden sind.«[9] Eine Mehrheit (64 Prozent) stimmte zum selben Zeitpunkt der Aussage zu, politischen Entscheidungen müsse man »auf jeden Fall Folge leisten«. Die Zustimmung zur Aussage »Die Regierung sollte auch dann an den Maßnahmen festhalten, wenn die Mehrheit der Bürger dagegen ist« lag Mitte April bei 52 Prozent – und sank zwei Wochen später auf 40 Prozent.

Aus unseren qualitativen Interviews – in denen wir also statt einer Online-Befragung mit Menschen ein längeres Gespräch führten – haben wir auch gelernt, dass die Tatsache, dass es in Österreich verpflichtende Ausgangsbeschränkungen gab – und nicht nur »Empfehlungen«, die die Bevölkerung freiwillig einhalten konnte oder auch nicht –, von vielen Menschen als positiv empfunden wurde. Gerade jene, die zu Beginn

---

9 https://viecer.univie.ac.at/corona-blog/corona-blog-beitraege/blog24/ (von Monika Mühlböck).

der Krise schon vorsichtig waren und zum Schutz der eigenen Gesundheit oder der Gesundheit anderer etwa nicht mehr zum Arbeiten außer Haus gehen wollten, wurden, so berichteten sie uns, anfangs oft ausgelacht. Auch Menschen, die etwa beim Einkaufen Anfang März bereits Abstand zu anderen einhalten wollten oder gar Masken trugen, wurden verhöhnt. Dies änderte sich schlagartig, als mit 16. März die verpflichtenden Beschränkungen in Kraft traten. Auch Interviewpartner*innen, die in Krankenhäusern arbeiteten, berichteten uns, dass es ab dem 16. März viel leichter geworden war, sich selbst und andere zu schützen, weil es in der Bevölkerung größere Sensibilität für die Bedeutung der Maßnahmen gab.

Wie lassen sich aber diese Ergebnisse mit der Beobachtung vereinbaren, dass sich einige Menschen schon im April nicht besonders streng an die Maßnahmen gehalten hatten, wie auch in sozialen Medien immer wieder dokumentiert wurde? Auf diese Frage gibt es mehrere Antworten. Bezüglich der Maskenpflicht berichteten uns unsere Interviewpartner*innen von Anfang an, dass sie es als verwirrend empfanden, dass unterschiedliche Expert*innen unterschiedliche Meinungen hatten. Dies erklärt zumindest zum Teil, warum die Disziplin des Maskentragens mit Anfang Mai rapide abnahm – obwohl das Tragen einer Maske in Geschäften, öffentlichen Verkehrsmitteln und Märkten nach wie vor vorgeschrieben war.

Schutzmaßnahmen als kulturelle Praxis

Gerade Masken zeigen uns aber auch, wie stark die Akzeptanz von Schutzmaßnahmen durch kulturelle Faktoren geformt ist. Von Kolleg*innen aus dem südlichen Europa höre ich immer wieder, welch große Bedeutung das Tragen von Masken im öffentlichen Raum dort einnimmt: Neben der Verringerung des potenziellen Übertragungsrisikos haben Masken großen symbolischen Wert, so erzählen mir etwa Kolleg*innen aus Kroatien: Gerade wenn unsere Welt wieder beginnt, »normal« auszusehen, wenn die Straßen lebendiger werden und die Straßencafés wieder offen sind, so höre ich, durchbrechen diese Masken die scheinbare Normalität: Die Maske im Gesicht erinnert die Träger*innen daran, dass es eine Pandemie gibt; dass man nach wie vor in einem Ausnahmezustand ist und Abstand halten sollte. Dies scheint aber nur auf jene Länder zuzutreffen, in denen der »normale« persönliche Abstand, den Menschen zueinander einhalten, relativ gering ist; in nordeuropäischen Ländern, wo dieser natürliche Abstand größer ist, fällt der symbolische Wert der Maske nicht ins Gewicht. Im Gegenteil: Es gibt sogar Hinweise darauf, dass sich Menschen in nördlichen Ländern sicherer fühlen und daher weniger Abstand zu ihren Mitmenschen halten, wenn sie eine Maske tragen, als sie es ohne Maske tun würden.[10]

---

10 Ein von der norwegischen Sozialwissenschafterin Anna

Erwähnenswert ist in diesem Zusammenhang auch die Tatsache, dass Menschen in Australien zumindest in der frühen Phase der Corona-Krise kaum Masken trugen. Einerseits ist dies damit zu erklären, dass das Tragen von Masken von Anfang an von der australischen Regierung nicht empfohlen wurde; ursprünglich um zu vermeiden, dass Privathaushalte große Mengen von Masken kaufen, die dann in den Krankenhäusern oder Menschen in systemerhaltenden Berufen fehlen. Es gibt aber noch einen anderen Grund: 13 Prozent der australischen Bevölkerung sind asiatischer Abstammung. In vielen asiatischen Ländern wie etwa in China tragen Menschen, die akut krank sind, und die vermeiden wollen, andere anzustecken, Masken. Während das in »normalen« Zeiten nicht nur akzeptiert ist, sondern sogar als Zeichen der gegenseitigen Rücksichtnahme und des Respekts gilt, als gesundheitlich angeschlagener, hustender und niesender Mensch eine Maske zu tragen, lässt der Anblick einer Maske zu Zeiten einer Pandemie bei vielen Australier*innen Alarmglocken schrillen. Diese Assoziation einer Gesichtsmaske mit der Vermutung, dass sich dahinter eine akut kranke Person befindet, bringt viele Menschen dazu, keine Maske zu tragen, um erst gar nicht in den Verdacht

Lydia Svalastog geleitetes Forschungsnetzwerk, *Navigating Knowledge Landscapes*, untersucht diese Frage gerade empirisch: http://knowledge-landscapes.hiim.hr/.

geraten, krank zu sein. Bei asiatisch aussehenden Menschen, denen von manchen Politiker*innen und Medien die Schuld für die Pandemie zugeschoben wird, geht es zudem auch um den Schutz vor rassistischen Übergriffen.

Was andere »Regelbrüche« betrifft, ergibt sich ein noch nuancierteres Bild. Natürlich gab es von Anfang an Menschen, die die Gefahr durch das Corona-Virus als stark übertrieben ansahen; obwohl dies, wie die Daten des Corona-Panel-Projektes zeigen, die Minderheit war, fallen Menschen, die sich im öffentlichen Raum demonstrativ nicht an die Regeln halten, natürlich mehr auf. Gleichzeitig gab es auch Menschen, die mit Freund*innen und Verwandten spazieren gingen, oder Eltern, die sicherstellen wollten, dass ihre Kinder zumindest ab und zu ihre besten Freund*innen sehen konnten – auch wenn einige dieser Dinge genau genommen nicht erlaubt waren. Daraus zu schließen, dass diese Menschen sich um die Einhaltung der Regeln nicht kümmerten, wäre allerdings verkürzt. Der Großteil der Menschen, die uns in den Interviews von solchen »Regelbrüchen« berichteten, taten dies nicht leichtfertig, sondern weil sie dies als einzigen Ausweg sahen, Druck abzubauen oder ihren Kindern das Leben im Lockdown ein wenig zu erleichtern. Risiken und Vorteile wurden hier von den betroffenen Menschen sorgfältig abgewogen. Dass diese Abwägung für unterschiedliche Menschen unterschiedliche Ergebnisse bringt, hat nichts mit Dummheit oder Nichtwissen zu tun. Oft gibt es weder Daten noch Analysen, die verlässliche, auf wissenschaftlicher Evidenz basierende Empfehlungen möglich machen würden. Das ist eines der Kennzeichen einer Krise: Man muss Entscheidungen in einem Kontext großer Unsicherheit treffen. Unsicherheit ist dabei nicht dasselbe wie Risiko: Bei Risiken weiß man zwar nicht, ob der Schaden eintreffen wird, aber man weiß ungefähr, wie ein solcher Schaden aussehen würde und von welchen Faktoren sein Eintreffen abhängt (man denke an das Risiko eines Blitzschlags; man weiß nicht, ob und wann es passiert, aber man kann berechnen, wie wahrscheinlich er ist, und man weiß, wie so ein Schaden normalerweise aussieht). Unsicherheit hingegen bezeichnet eine Situation, in der man weder weiß, was genau passieren kann, noch wen es treffen würde und von welchen Faktoren dies abhängt. Auch wenn wir bezüglich der Weiterentwicklung der Covid-19-Krise nicht völlig im Dunkeln tappen, so gibt es doch neben den berechenbaren Risiken – wie dem Risiko einer Infektion – auch ein hohes Maß an Unsicherheit. Diese Unsicherheit macht es für die Politik so schwer, gute Entscheidungen zu treffen – und vielen Menschen macht sie Angst. Auch deshalb war es vielen Menschen so wichtig, in einer Zeit, die von Beschränkungen und Vorgaben dominiert war und ist, ein wenig Selbstbestimmung zu erleben – auch wenn dies von außen wie ein Regelbruch aussieht.

Staat, hau App? Keine Mehrheit für digitale Corona-Überwachung

Selbstbestimmung war und ist unseren Studienteilnehmer*innen auch in einer anderen Hinsicht wichtig: in Bezug auf ihre persönlichen Daten. Obwohl die Tatsache, dass die Ausgangsbeschränkungen in Österreich verpflichtend waren, von der weit überwiegenden Zahl der Befragten (in beiden Studien) als positiv wahrgenommen wurde, lehnte eine ebenso große Mehrheit eine Verpflichtung zur Nutzung von sogenannten Corona-Apps ab. Unsere repräsentative Umfrage zeigte, dass es sogar unter jenen Menschen, die selbst eine solche App nutzten, keine Mehrheit für eine verpflichtende Nutzung gab.[11] Die digitale Überwachung der Menschen in unserem Land sei überhaupt schon weit gediehen, wurde uns in den Interviews berichtet, und die verstärkte Nutzung digitaler Technologien während der Krise mache es möglich, Bürger*innen noch stärker zu überwachen.

In der sozialwissenschaftlichen Literatur würde man diesen Einwand als Sorge um »*function creep*« bezeichnen, die schleichende Funktionserweiterung: Man sammelt Daten für ein bestimmtes Ziel, und weil

---

11 https://viecer.univie.ac.at/corona-blog/corona-blog-beitraege/blog31/ (von Julia Partheymüller, Sylvia Kritzinger, Hyunjin Song und Carolina Plescia).

sie dann schon mal da sind, verwenden wir sie gleich auch für andere Zwecke. Dies ist das Szenario, vor dem sich viele Menschen fürchten. Gleichzeitig müsste man – das zeigen unsere Daten aus den Interviews – zwischen zwei Arten von Apps unterscheiden: Auf der einen Seite gibt es die Apps, die Personen überwachen, die positiv auf das Corona-Virus getestet wurden – mit dem Ziel, den Aufenthaltsort dieser Personen zu kennen. Die App, die das Rote Kreuz entwickelt und unter die Leute gebracht hatte, ist ein Beispiel für diesen Typ von Instrumenten. Auf der anderen Seite gibt es Apps, die nicht auf die Überwachung von Menschen mit aktuellen Infektionen abzielen, sondern die als eine Art »Immunitätspass« fungieren sollen: Sie verfolgen das Ziel, es Menschen, die nachgewiesenermaßen bereits eine Covid-19-Infektion hinter sich haben und daher nicht mehr ansteckend sein können, zu ermöglichen, wieder außer Haus zu arbeiten, zu reisen und so weiter.

Während die verpflichtende Nutzung beider Typen von Apps vom Großteil unserer Befragten abgelehnt wurde, gab es in der Beurteilung der Nützlichkeit dieser unterschiedlichen Gruppen von Apps durchaus Unterschiede. Hinsichtlich der ersten Gruppe von Apps – wie zum Beispiel der Rot-Kreuz-App – waren unsere Interviewpartner*innen gespalten: Manche waren ganz klar dagegen, weil ein Nachverfolgen der Aufenthaltsorte von Menschen für sie einen zu großen Eingriff in die Privatsphäre darstellen würde – auch wenn es sich um Menschen handelt, die andere durch Ansteckung gefährden. Für andere war gerade dieser letztere Aspekt – dass man über die Apps nämlich sich und andere Menschen schützen kann – ein positiver Punkt. Einige unserer Interviewteilnehmer*innen hatten die Rot-Kreuz-App auch zur eigenen Verwendung heruntergeladen.

Bezüglich der Immunitätspass-Apps sah die Lage jedoch ganz anders aus. Diese Art der Überwachung – selbst als nur freiwillige Maßnahme – wurde einhellig abgelehnt; zudem erwähnten einige unserer Befragten auch die Gefahr, dass sich Menschen, um wieder arbeiten oder sich wieder freier bewegen zu können, absichtlich infizieren lassen würden. (Und ganz abgesehen von der Sorge um die Privatsphäre wissen wir mittlerweile, dass die Grundidee, auf der diese Immunitätspass-Apps beruhen, vielleicht falsch ist: Auch Menschen mit Antikörpern können sich eventuell weiter anstecken und ansteckend sein.)

Was sollten wir mitnehmen?

Was lernen wir aus unseren Daten? Zumindest in einer Hinsicht sind die Lehren, die gezogen werden sollten, recht eindeutig: Die Krise macht unsere Gesellschaft ungleicher. Und auch wenn Solidarität von Mensch zu Mensch extrem wichtig ist: Wenn man sich nur auf Solidarität auf dieser zwischenmenschlichen Ebene konzentriert, läuft man Gefahr, wichtigere systemische und strukturelle Faktoren zu ignorieren. Wir müssen die Ursachen der Ungleichheit angehen und solidarische Institutionen aufbauen. Während der Covid-19-Pandemie ist deutlich geworden, dass in Ländern, in denen es Instrumente der sozialen Sicherheit und eine funktionierende Sozialpartnerschaft gibt, mehr Menschen vor den schlimmsten Auswirkungen der Krise geschützt sind und die Krise ohne den Verlust von Wohnungen, Einkommen und Vertrauen überstehen werden als in anderen Staaten. Länder mit einer angemessen finanzierten, zugänglichen und gemeinnützigen Gesundheitsversorgung stehen viel besser da als Länder, in denen dies nicht der Fall ist. Inmitten all der Aufregung um lernende Gesundheitssysteme und widerstandsfähige Gesellschaften in den letzten Jahren und Jahrzehnten hat uns die Covid-19-Krise bisher gelehrt, dass die widerstandsfähigsten Gesellschaften nicht diejenigen sind, die über die besten Technologien oder gehorsamste Bürger verfügen. Es sind diejenigen, die solidarische Institutionen haben.

Christian Korunka
Arbeiten im Home Office:
Lernen aus der Krise
29. April 2020

Das Wort »Home Office« hat sich rasch, wohl bereits in den ersten Tagen und Wochen nach dem Beginn der Corona-Krise, zu einem geflügelten Begriff entwickelt. Zahlreiche Beschäftigte waren gezwungen, ihren gewohnten Arbeitsplatz zu verlassen und die Arbeit – so gut es eben ging – von daheim aus, also im »Home Office«, weiterzuführen. Für viele Beschäftigte war dies eine gewohnte Erfahrung, da sie bereits davor zumindest einen Teil ihrer Tätigkeiten in dieser Form ausgeführt hatten. Für andere war es die erste Möglichkeit, daheim zu arbeiten, vielleicht sogar nach Jahren und Jahrzehnten der vertrauten Arbeit im Büro. In diesen Wochen wurden zahlreiche oft sehr unterschiedliche Erfahrungen gesammelt. Viele hatten den Eindruck, mehr als zuvor zu arbeiten, oft verbunden mit der Erfahrung, dass – durch die Möglichkeiten moderner Informationstechnologien – nahezu alles von daheim aus möglich ist. Die neue Form der Verbindung mit anderen – über Videosoftware – musste wohl meist erst gelernt werden, wobei diese Meetings vor allem in der ersten Zeit des »Lockdowns« als sehr anstrengend erlebt wurden. Eine besonders häufig berichtete Erfahrung ist die Vermischung von Beruf und Familie. Während klassische Formen der Tätigkeiten durch klare zeitliche und örtliche Grenzziehungen charakterisiert sind, ist dies im Home Office meist ganz anders. Hier gehen Arbeit, Freizeit und Familie nahtlos ineinander über. Besonders die gleichzeitige Betreuung von schulpflichtigen Kindern wurde als besondere Herausforderung erlebt.

Der folgende Beitrag gibt einen Überblick über die aktuelle Forschungslage zum Thema des »Home Office« und geht der Frage nach, was wir aus den bisherigen Erkenntnissen für die neue Situation im Home Office lernen können.

Das Home Office als eine aktuelle Form von »White Collar Work«

Es war naheliegend, dass in der rasch und unerwartet eingetretenen Situation von Ausgangsbeschränkungen das Home Office für viele Personen die (einzige) Möglichkeit darstellt, ihre Arbeit weiterzuführen. Diese Entwicklung kam aber zu einem »günstigen« Zeitpunkt im Rahmen der Veränderungen in der Arbeitswelt. In einer vor rund einem Jahr von uns durchgeführten Expert*innenstudie (Deloitte, 2019) hat sich Home Office bereits als der aktuelle Trend in der modernen Arbeitswelt gezeigt. In rund 50 Prozent der befragten Unternehmen gab es bereits etablierte Möglichkeiten für die Arbeit daheim, weitere 35 Prozent der Unternehmen standen letztes Jahr gerade vor der Einführung von Home Office bzw. hatten diesbezügliche Umstellungen geplant. Die durch das Corona-Virus erzwungene Umstellung hat diesen Veränderungsprozess nun massiv beschleunigt.

Es sollte allerdings beachtet werden, dass Home Office nur für eine relativ beschränkte Gruppe von Tätigkeiten überhaupt möglich und sinnvoll ist. Es sind dies vor allem verschiedenste Formen von Bürotätigkeiten, Expert*innen- und Wissensarbeit sowie Projekttätigkeiten, also Tätigkeitsformen, die auch als »White Collar Work« (Mills, 1956) bezeichnet werden können. Nach einer aktuellen Studie (Eurofund/ILO 2017) besteht bei rund zehn Prozent aller europäischen Arbeitsplätze die Möglichkeit, im Home Office zu arbeiten. Weitere acht Prozent sind mobile Arbeitsplätze, also solche, wo Tätigkeiten weitgehend ortsungebunden ausgeübt werden können. Eine repräsentative Befragung (TQS 2020) während der Ausgangsbeschränkungen in Österreich zeigte, dass der bisherige Anteil mobiler Tätigkeiten (der in Österreich ebenfalls bei rund 18 Prozent lag) nun auf knapp 25 Prozent angestiegen ist. Dies bestätigt zwar einerseits, dass mobile Arbeit bereits ein wesentliches Segment der modernen Arbeitswelt darstellt, verweist aber gleichzeitig auf die Tatsache, dass auch in näherer Zukunft der überwiegende Teil der Tätigkeiten weiterhin nur ortsgebunden ausgeführt werden kann. Ebenfalls sollte nicht vergessen werden, dass Home Office in der Regel nur in einem kleineren Teil der gesamten Arbeitszeit, beispielsweise an einem Arbeitstag pro Woche, ausgeführt wird.

Die Entwicklung des Home Office

Das Home Office kann als eine direkte Folge der großen Entwicklungstrends in der modernen Arbeitswelt betrachtet werden. Der wichtigste Einflussfaktor in diesem Zusammenhang ist die rasche Entwicklung der Informations- und Kommunikationstechnologien. Während noch 1995 rund 35 Prozent der europäischen Arbeitsplätze mit solchen Technologien ausgestattet waren, sind es zwanzig Jahre später bereits etwa 70 Prozent (Eurofund, 2017). Diese Technologien haben ortsungebundene Tätigkeiten in den meisten Fällen überhaupt erst ermöglicht. Aber auch weitere globale Trends in der Arbeitswelt sind hier zu nennen. Die Globalisierung und die damit einhergehende Zunahme von Konkurrenz auf allen Ebenen und die politische Entsprechung des »Neoliberalismus« führte zu einer »Vermarktlichung« der Unternehmen und in weiterer Folge zu einer verstärkten Selbststeuerung von Arbeit und Leistung durch die Beschäftigten (Kratzer & Dunkel, 2013; Kratzer & Nies, 2009). Führung über Zielvereinbarungen (»Management by Objectives«; Drucker, 1954) bildet die dazu passende Form der Unternehmenssteuerung. Diese Entwicklungsprozesse sind letztlich auch Ausdruck von sozialen Beschleunigungsprozessen, wie sie auch eindrucksvoll von Hartmut Rosa (2005) beschrieben wurden. Home Office und andere Formen der flexiblen Arbeit können ebenfalls als eine Folge dieser Entwicklungsprozesse betrachtet werden (vgl. auch Korunka & Hoonakker, 2014; Korunka & Kubicek, 2017).

Home Office in der Forschung

In den letzten Jahrzehnten wurden zahlreiche Studien zu den Auswirkungen der Arbeit im Home Office durchgeführt. Meist bestätigen diese Studien positive Auswirkungen der Arbeit daheim, wobei oft gleichzeitig aber auch negative Folgen zu verzeichnen sind. In der Forschungsliteratur wurde dieses Zusammenspiel als Paradoxon der Tätigkeiten beschrieben, wobei hier zwei Formen besondere Bedeutung haben (siehe dazu auch Korunka, 2019):

Das Autonomieparadox: Aus der Sicht der Arbeits- und Organisationspsychologie wurde Autonomie in der Arbeitswelt über lange Zeit hinweg ausschließlich als eine wichtige und vor allem positive Ressource betrachtet. Die verschiedenen positiven Wirkungen von Autonomie, beispielsweise auf die Erhöhung der Qualität des Arbeitslebens, wurden häufig empirisch bestätigt. In der Arbeitsgestaltung ist daher die Erhöhung der Autonomie der arbeitenden Personen ein zentrales Ziel. Autonomie erlaubt die Kontrolle über Arbeitsmittel, die Abfolge der Arbeitsaufgaben und der Arbeitsabläufe. In der letzten Zeit wurde – besonders auch im Home Office – in Studien gezeigt, dass Personen mit hoher Autonomie freiwillig länger und auch intensiver arbeiten. Das Autonomieparadox beschreibt diesen Zusammenhang zwischen Autonomie und (Selbst-)Kontrolle. Besonders gut lässt sich dieses Zusammenspiel bei zeit- und ortsungebundener Arbeit beobachten.

Das »Connectivity«-Paradox: Informations- und Kommunikationstechnologien ermöglichen es, mit anderen in Kontakt zu bleiben, obwohl die Tätigkeiten oft ortsungebunden ausgeführt werden. Dieses Zusammenspiel zwischen Freiheit und Erreichbarkeit beschreibt das Konnektivitätsparadox. Ganz besonders dann, wenn in hohem Maße zeit- und ortsungebunden gearbeitet wird, resultiert die Notwendigkeit, mit anderen in Verbindung zu stehen. Die modernen Kommunikationstechnologien bieten dazu auch verschiedenste Möglichkeiten. Bei flexibel arbeitenden Personen wird auch oft von Kolleg*innen und Vorgesetzten erwartet, dass sie ständig und vor allem leicht erreichbar sind. Dies führt oft dazu, dass sich Personen, die flexibel arbeiten, sehr schwer damit tun, Grenzen zwischen Arbeit und Nicht-Arbeit zu ziehen. Aus der Möglichkeit und Chance der Gestaltung der Nicht-Verbundenheit in flexiblen Arbeitsumgebungen resultiert also die permanente Verbundenheit, die im Extremfall bis in die vollständige Abhängigkeit von den neuen Technologien reichen kann (vgl. Leonardi, Treem & Jackson, 2010; Fonner & Roloff, 2012). Eine weitere Folge davon kann sein, dass Unterbrechungen (durch ständige Kommunikationsanforderungen anderer) vermehrt auftreten, obwohl das Setting der Arbeit (freie Wahl des Ortes und der Arbeitszeit) Unterbrechungen potenziell reduziert (Korunka, 2019).

Vor dem Hintergrund dieser paradoxen Zusammenhänge wird es verständlich, dass die Arbeit im Home Office meist mit einer erhöhten Produktivität einhergeht, die aber auch ihren Preis hat. So berichten empirische Studien von einem erhöhten Arbeitsdruck durch die wechselseitige Erwartung (von Personen, die ja nicht in direktem, persönlichen Kontakt stehen) einer hohen Antwortgeschwindigkeit (Barley et al., 2011) und vermehrten Ablenkungen und Unterbrechungen (Rennecker & Godwin, 2005). Arbeitsintensivierung geht mit erhöhter Produktivität einher (Barley et al., 2011), kann aber ihren Preis haben in erschwertem Abschalten nach der Arbeit (Derks & Bakker, 2014) und erhöhter emotionaler Erschöpfung (ten Brummelhuis et al., 2012). Die Einsparung von Warte- und Fahrzeiten sowie der (freiwillige) Wegfall von Pausen gehen ebenfalls mit einer erhöhten Arbeitsintensivierung einher (ten Brummelhuis et al., 2012). Der Möglichkeit der besseren Integration von Arbeit und Familie steht die potenzielle Beeinträchtigung der Balance von Arbeit und Familie gegenüber (Derks & Bakker, 2014).

Es kann also festgehalten werden, dass bei der Arbeit im Home Office die möglichen Chancen und Herausforderungen oft Hand in Hand gehen. So gehen die Möglichkeiten und Vorteile einer erhöhten Autonomie oft mit einer Zunahme der Arbeitsintensität einher. Die im Home Office mögliche Verringerung von Ablenkungen und Unterbrechungen können auch von einem Mangel an sozialer Unterstützung oder sogar sozialer Isolation begleitet sein. Einige Studien zeigen sogar für Personen im Home Office eine Einschränkung der beruflichen Entwicklungsmöglichkeiten (z. B. Kelliher & Anderson, 2008).

Die Studie
»Home Office in Zeiten der Krise«

Wir haben bereits kurz nach Beginn der Ausgangsbeschränkungen in Österreich mit der Datenerhebung zu einer Studie »Home Office in Zeiten der Krise« begonnen. Es liegen rund 2200 Datensätze vor, die ein weitgehend repräsentatives Bild der Arbeitssituation im Home Office in dieser Ausnahmesituation zeigen (Korunka, 2020).

Die wahrgenommene Produktivität der Befragten im Home Office ist ausgesprochen hoch. Dies erscheint umso bemerkenswerter, als die meisten der befragten Arbeitnehmer*innen Home Office in einem wesentlich größeren Ausmaß als zuvor ausgeführt haben. Relativ große Unterschiede finden sich allerdings in der Qualität des Arbeitslebens bzw. im subjektiven Wohlbefinden bei der Arbeit. Während ein größerer Teil der Personen eine zufriedenstellende Qualität des Arbeitslebens angibt, ist diese allerdings bei einer kleineren Gruppe von Personen zum Teil deutlich reduziert. Die Ursachen dafür sind unter anderem in den Rahmenbedingungen der ausgeübten Tätigkeiten zu suchen: Während die technischen Voraussetzungen bei der überwiegenden Zahl der Home-Office-Arbeitsplätze gut sind (so geben rund 94 Prozent an, über eine zumindest »ausreichend schnelle« Internetverbindung zu verfügen), haben rund drei Viertel der Studienteilnehmer*innen einen eigenen Arbeitsplatz, und nur etwas mehr als die Hälfte auch ein eigenes Arbeitszimmer im Home Office. Die ergonomische Ausstattung daheim findet sogar nur etwas mehr als ein Drittel der Personen als zufriedenstellend. Die Qualität der Rahmenbedingungen daheim steht dabei mit der Qualität des Arbeitslebens in negativem Zusammenhang; bei schlechter technischer bzw. ergonomischer Ausstattung ist diese deutlich reduziert. In ähnlicher Weise wirkt sich auch fehlende Vorerfahrung im Home Office negativ auf die Qualität des Arbeitslebens aus. Eine Grundbedingung für eine hohe Qualität des Arbeitslebens im Home Office – die auch in direktem Zusammenhang mit der Produktivität steht – ist also eine gute Ausstattung des Arbeitsplatzes.

Lösungsansätze zur Gestaltung der Arbeit im Home Office

Die Arbeit im Home Office verlangt also eine adäquate Gestaltung der Arbeitsumgebung, der Tätigkeiten und der Arbeitsorganisation. Für die Gestaltung der Arbeitsumgebung können aus den oben genannten empirischen Befunden Empfehlungen abgeleitet werden. Diese lassen sich sehr einfach zusammenfassen: Die Erkenntnisse eines guten Büroarbeitsplatzes – die ja zumeist auf der Basis von ergonomischen Vorgaben in den Büros auch umgesetzt werden – gelten analog auch für das Home Office. Dazu gehören im Idealfall ein eigener Arbeitsraum und ein Arbeitsplatz mit einer zufriedenstellenden ergonomischen Ausstattung. Das Raumklima und die Platz- und Lichtverhältnisse sollten ebenfalls Mindeststandards Genüge leisten.

Eine andere speziell für die Arbeit im Home Office relevante Thematik ist die Frage der beruflichen Erreichbarkeit. Während die Erreichbarkeit am Arbeitsplatz im Unternehmen während der Arbeitszeiten geregelt und nach dem Arbeitsschluss in der Regel nicht vereinbart ist, stellt sich die Situation im Home Office ganz anders dar. Hier ist eine ständige Erreichbarkeit möglich, oft auch über die vereinbarten Arbeitszeiten hinaus. Dies wird noch verstärkt durch eine kulturelle Veränderung in Richtung einer ständigen Nutzung von Handys und mobilem Internet. Zahlreiche Studien bestätigen allerdings eine zunehmende Erschwernis des Abschaltens nach der Arbeit, unter Umständen mit weitreichenden Auswirkungen auf die Qualität des Arbeitslebens und sogar auf die Gesundheit. Lösungsansätze können hier im Unternehmen und beim betroffenen Arbeitnehmer ansetzen. Seitens des Unternehmens sollten klare Vereinbarungen zur Erreichbarkeit von Mitarbeiter*innen getroffen werden. Insbesondere zwischen Führungskräften und Mitarbeiter*innen sind solche Vereinbarungen erforderlich. Dabei können auch individuelle Nutzungsbedürfnisse eine Rolle spielen. So unterscheiden sich sogenannte »Integrators« und »Separators« in der Gestaltung der Grenzen zwischen der Arbeit und dem Privatleben (Kossek & Lautsch, 2012). Während Integrators eine Verbindung bzw. eine nahtlose Integration beider Lebenssphären bevorzugen, ist für die Separators die klare Grenzziehung der beiden Sphären wichtig. Davon unabhängig ist eine persönliche Nutzungshygiene in Bezug auf

Handys und Internet. Dazu gehört eine klare Definition von Nutzungszeiten (in Abstimmung mit Kolleg*innen) und die Einhaltung von Arbeitspausen.

Eine theoretische Grundlage zur Bewertung der humanen Qualität von Arbeitsplätzen ist die Selbstbestimmungstheorie von Ryan und Deci (z. B. Deci & Ryan, 2017). Diese auf humanistischen Prinzipien basierende und empirisch auch ausgesprochen gut abgesicherte Theorie geht von drei zentralen menschlichen Grundbedürfnissen aus: dem Bedürfnis nach Autonomie, dem Bedürfnis nach Kompetenz und dem Bedürfnis nach sozialer Einbindung. Diese Bedürfnisse sind kulturübergreifend gültig und bedeutsam für jedes Individuum. Die Erfüllung dieser Bedürfnisse in verschiedenen Lebensbereichen ist die Basis für Motivation und Zufriedenheit. Externale motivationale Faktoren wie beispielsweise Belohnung können internalisiert werden, um die drei Grundbedürfnisse zu befriedigen. Die Erfüllung der drei Grundbedürfnisse ist auch die Grundlage für gute Arbeit – im Sinne einer hohen Qualität des Arbeitslebens verbunden mit hoher Produktivität (vgl. Korunka 2019).

Inwieweit werden nun diese Grundbedürfnisse bei der Arbeit im Home Office befriedigt? Ganz klar ist dies für das Bedürfnis nach Autonomie zu beantworten. Die Arbeit im Home Office ist vor allem in Bezug auf die Arbeitszeiten, aber auch oft in Bezug auf die Arbeitsabläufe weitgehend frei gestaltbar. Das Bedürfnis nach Autonomie wird hier in hohem Maße erfüllt; dies geht jedoch gleichzeitig mit hohen Anforderungen an die Selbstorganisation einher, was letztlich auch in einer zusätzlichen Arbeitsbelastung resultiert. Der weiter oben skizzierte positive Zusammenhang von Autonomie und Arbeitsintensivierung lässt sich auch darauf zurückführen. Für die Praxis bedeutet dies, dass für die Nutzung des hohen motivationalen Potenzials von Autonomie auch klare Strukturen und Vereinbarungen, beispielsweise bezüglich der Arbeits- und Pausenzeiten, zu empfehlen sind.

Auch das Bedürfnis nach Kompetenz wird bei den Tätigkeiten im Home Office in der Regel in ausreichendem Maße befriedigt. In vielen Fällen werden anspruchsvolle Tätigkeiten ausgeführt, die sich durch ein hohes Maß an Komplexität auszeichnen. Das Home Office selbst bietet Lernmöglichkeiten (beispielsweise durch die Nutzung neuer Technologien und die erforderliche Selbstorganisation), die dieses Bedürfnis befriedigen können. Lernen benötigt allerdings auch Kommunikation mit anderen und Feedback. Diese Elemente müssen im Home Office meist aktiv von den Arbeitnehmer*innen gestaltet werden.

Weniger eindeutig zeigt sich die Erfüllung nach sozialer Eingebundenheit im Home Office. Zahlreiche empirische Studien verweisen eher auf das Gegenteil, nämlich eine Zunahme von Isolation und Einsamkeit. Die selbstverständlichen beruflichen Kontakte fehlen.

Auch der informelle Austausch, in den Kaffeepausen oder beim gemeinsamen Mittagessen im Büro, ist nicht möglich. Stattdessen findet die fachliche Kommunikation ausschließlich über technische Medien statt. Das Bedürfnis nach sozialer Eingebundenheit wird so nur in geringem Ausmaß erfüllt. Hier ist erneut die Selbstorganisation der Beschäftigten gefordert. Es sollten Strukturen geschaffen werden, die einen regelmäßigen persönlichen Austausch, zumindest auch über virtuelle Kanäle, ermöglichen. Im Idealfall ist eine Kombination aus persönlichen und virtuellen Arbeitsmeetings anzustreben. Synchrone Kommunikationsformen (Telefon, Videotelefonie etc.) sind meist gegenüber asynchronen Formen (E-Mail) zu bevorzugen. Technische Kommunikation sollte als eine Ergänzung von persönlicher Kommunikation betrachtet werden.

Was bedeuten diese Überlegungen für die weitere Entwicklung der Arbeit im Home Office? Das geflügelte Wort »Krise als Chance« beschreibt die derzeitigen Entwicklungen punktgenau. Der »Zwang zum Home Office« während der Corona-Krise fand zu einem Zeitpunkt statt, wo gerade auch die stärksten Entwicklungsschübe beobachtet werden konnten. Die hier gemachten Erfahrungen werden wohl in vielen Bereichen die weitere Entwicklung bestimmen. Eine weitere Zunahme der Arbeit im Home Office – als zusätzlicher, flexibel gestaltbarer Arbeitsplatz – ist absehbar. Bei einer entsprechenden bedürfnisorientierten Gestaltung dieser

Arbeitsplätze werden die Vorteile in vieler Hinsicht überwiegen. Das Home Office sollte als ein Mikrokosmos eines guten Arbeitsplatzes verstanden werden, der auch ähnlich gestaltet werden sollte.

Literatur

Barley, S. R., Meyerson. D. E., & Grodal. S. (2011). E-mail as a Source and Symbol of Stress. *Organization Science, 22,* 887–906.

Deloitte (2019). *Flexible Working Studie 2019.* Wien: Deloitte Österreich.

Derks, D. & Bakker, A. (2014). Smartphone Use, Work-Home Interference, and Burnout: A Diary Study on the Role of Recovery. *Applied Psychology, 63,* 411–440.

Drucker, P. F. (1954). *The Practice of Management.* New York: Harper & Row.

Eurofund (2017). *6th European Working Conditions Survey.* Luxemburg: Publications Office of the European Union.

Eurofund/ILO (2017). *Working anytime, anywhere: The effects on the world of work.* Luxemburg: Publications Office of the European Union.

Fonner, K. L. & Roloff, M. E. (2012). Testing the Connectivity Paradox: Linking Teleworkers' Communication Media Use to Social Presence, Stress from Interruptions, and Organizational Identification. *Communication Monographs, 79,* 205–231.

Kelliher, C. & Anderson, D. (2010). Doing more with less? Flexible working practices and the intensification of work. *Human Relations, 63,* 83–106.

Kossek, E. & Lautsch, B. (2012). Work–family boundary management styles in organizations A cross-level model. *Organizational Psychology Review, 2,* 152–171.

Kratzer, N & Nies, S. (2009). *Neue Leistungspolitik bei Angestellten.* Berlin: Edition Sigma.

Kratzer N. & Dunkel W. (2013). *Neue Steuerungsformen bei Dienstleistungsarbeit – Folgen für Arbeit und Gesundheit.* In Bundesanstalt für Arbeitsschutz und Arbeitsmedizin, Junghanns G., Morschhäuser M. (Hrsg.). Immer schneller, immer mehr. Springer VS, Wiesbaden.

Korunka, C. & Hoonakker, P. (2014) (Eds). *The Impact of ICT on Quality of Working Life.* New York: Springer.

Korunka, C. & Kubicek, B. (2017) (Eds.). *Job Demands in a Changing World of Work.* New York: Springer.

Korunka, C. (2019). Informations- und Kommunikationstechnologien und die Qualität des Arbeitslebens. Komplexität, Beschleunigung und paradoxe Effekte. In J. Fritz & N. Tomaschek (Hrsg.). *Komplexe Organisation: Digitalisierung als Triebkraft einer veränderten Arbeitswelt.* Münster: Waxmann.

Korunka, C. (2020). https://ao-psy.univie.ac.at/presse/.

Leonardi, P. M., Treem, J. W. & Jackson, M.H. (2010). The Connectivity Paradox: Using Technology to Both Decrease and Increase Perceptions of Distance in Distributed Work Arrangements. *Journal of Applied Communication Research, 38,* 85–105.

Mills, C. W. (1956). *White Collar: The American Middle Classes.* Oxford University Press.

Rennecker, J. & Godwin, L. (2005). Delays and Interruptions: A Self-Perpetuating Paradox of Communication Technology Use. *Information and Organization, 15,* 247–266.

Rosa. H. (2005). *Beschleunigung. Die Veränderung der Zeitstrukturen in der Moderne.* Frankfurt am Main: Suhrkamp.

Ryan, R. M. & Deci, E. L. (2017). *Self-determination Theory: Basic Psychological Needs in Motivation, Development and Wellness.* New York: Guilford Press.

Ten Brummelhuis, L., Bakker, A., Hetland, J. & Keulemans, L. (2012). Do New Ways of Work Foster Working Engagement? *Psicothema, 24,* 113–120.

TQS (2020). http://www.blog.tqs.at/2020/05/04/beschaeftigte-zwischen-new-work-und-home-schooling-waehrend-der-corona-pandemie/.

Die Autorinnen und Autoren

Ulrike Guérot studierte Politikwissenschaft in Münster, ist Gründerin und seit 2014 Direktorin des European Democracy Lab Berlin und seit 2016 Professorin und Leiterin des Departement für Europapolitik und Demokratieforschung an der Donau-Universität Krems. Zuvor arbeitete Ulrike Guérot in verschiedenen europapolitischen Thinktanks in Berlin, Washington, Brüssel, Paris und London und unterrichtete an verschiedenen Universitäten, darunter The Paul H. Nitze School of Advanced International Studies in Washington, D.C., die Bucerius Law School in Hamburg und die Europa-Universität Viadrina in Frankfurt an der Oder. 2016 wurde ihr Buch »Warum Europa eine Republik werden muss!« ein Bestseller. Seither erschienen mehrere Bücher, darunter 2019 ihre jüngsten Essays »Wie hältst du's mit Europa?« sowie »Was ist die Nation?« (Steidl). 2003 wurde sie mit dem französischen Verdienstorden »Ordre national du Mérite« ausgezeichnet, 2019 erhielt sie den Paul Watzlawick Ehrenring der Wiener Ärztekammer sowie den Salzburger Landespreis für Zukunftsforschung.

Christian Korunka, Professor für Arbeits- und Organisationspsychologie an der Fakultät für Psychologie der Universität Wien. Forschungsschwerpunkte: Neue Formen der Arbeit, Veränderungen in der Arbeitswelt, Qualität des Arbeitslebens, neue Arbeitsanforderungen. Zahlreiche Veröffentlichungen in diesem Bereich. Gesundheitspsychologe und Personzentrierter Psychotherapeut. Leiter des Universitätslehrgangs »Psychotherapeutisches Propädeutikum« an der Universität Wien, Psychotherapeut in freier Praxis.

Barbara Prainsack ist Professorin am Institut für Politikwissenschaft der Universität Wien, und Professorin am Institut für Globale Gesundheit und Sozialmedizin am King's College London. Sie lehrt und forscht im Bereich der Gesundheits-, Wissenschafts- und Medizinpolitik; der Schwerpunkt ihrer derzeitigen Forschungsarbeit liegt im Bereich der Praktiken und Institutionen der Solidarität im Gesundheitswesen. Sie ist Autorin zahlreicher Bücher (zuletzt Personalized Medicine: Empowered Patients in the 21st Century? New York University Press, 2017) und Artikel in wissenschaftlichen Fachjournalen. Neben ihrer Forschungs- und Lehrtätigkeit ist Barbara Prainsack in zahlreichen Beratungsgremien tätig: Sie ist Mitglied der Österreichischen Bioethikkommission, der Europäischen Gruppe für Ethik der Naturwissenschaften und der Neuen Technologien, welches die Europäische Kommission berät. Sie ist ein Mitglied der britischen Royal Society of Arts (RSA) sowie ein gewähltes ausländisches Mitglied der Königlichen Dänischen Akademie der Wissenschaften, und ein gewähltes Mitglied der Academia Europaea.

Georg Psota, Chefarzt der Psychosozialen Dienste in Wien, Obmann von pro mente Wien, Mitglied im Landessanitätsrat Wien, Mitglied des Beirates für psychische Gesundheit und Vorstandsmitglied der Österreichischen Gesellschaft für Neuropsychopharmakologie und Biologische Psychiatrie (ÖGPB). Von 2013 bis 2016 Präsident der Österreichischen Gesellschaft für Psychiatrie, Psychotherapie und Psychosomatik (ÖGPP). Autor von: Das weite Land der Seele. Über die Psyche in einer verrückten Welt (2016), Angst. Erkennen – Verstehen – Überwinden (2018) sowie zahlreicher wissenschaftlicher Publikationen.